I0790596

TECNOLÓGICO NACIONAL DE MÉXICO
INSTITUTO TECNOLÓGICO DE CD. CUAUHTÉMOC

DINÁMICA SOCIAL

Ema Cristina Gutiérrez Enríquez

ISBN: 9798396596030

Sello: Independently published

2023

Dedicatoria

El presente libro está dedicado a los amores de mi vida, mi esposo German, mis Hijos Luis y Paola, mis nietas Sophia y Lyanna y mi nuera Alejandra.

Índice

INTRODUCCIÓN

Cuando se trata de visualizar al ser humano, es imposible sacarlo del contexto de grupo, al ser gregario su vida total está inmersa en un grupo social, desde los inicios de la vida humana las personas se han organizado en grupos para protegerse, alimentarse, producir y esto los lleva a formar sociedades. El estudio de la sociedad y su comportamiento lleva a considerar la importancia de la Dinámica social que implica las formas de desarrollo y crecimiento social, en ella se contemplan las formas de vida desde los primeros pobladores, las diferentes épocas de la historia hasta llegar a la vida actual. La dinámica social implica analizar y estudiar los movimientos sociales, es decir, todos los cambios que se han sufrido a través del tiempo, ya que cada grupo social tiene sus formas propias de realizar sus actividades grupales.

Contemplando el análisis social se pueden observar y conocer aquellos aspectos económicos, políticos, culturales, laborales, médicos, tecnológicos, de recreación que se han ido modificando con el paso de los años, de igual manera se contemplan los factores negativos que vive la humanidad, entre ellos los conflictos bélicos, la carencia de vivienda y alimento que sufren algunos pobladores, la contaminación ambiental, el desempleo y la desigualdad económica que se contempla en el mundo, el racismo, sexismo, entre otros, poniendo de esta forma en perspectiva el panorama general de la sociedad. Es importante considerar que los diferentes espacios geográficos han llevado a las comunidades a desarrollar formas de vida propias y en algunos de los casos únicos.

Algunos teóricos consideran que la dinámica social como una rama de la sociología ciencia que se encarga del estudio científico de la sociedad, y otros autores consideran que la sociología es una rama de la dinámica social. Independientemente de lo que se observe en la literatura es un hecho que la sociología y la dinámica social van de la mano, se complementan y deben apoyarse mutuamente en la realización de investigación y generación del conocimiento. En los últimos años los científicos se han enfocado a desarrollar teorías que beneficien en la comprensión de la sociedad y su comportamiento, ya que la tendencia organizacional va enfocada al valor del ser humano y a la humanización de los procesos industriales, por lo que se considera importante tener un desarrollo en el área y conocer los avances teóricos.

En el campo organizacional es de suma importancia tener un amplio conocimiento del comportamiento de los grupos, de la interacción que se desarrolla entre los colaboradores de una empresa, sus formas de comunicación, de toma de decisión, de participación, compromiso empresarial, liderazgo, la forma de coordinación y trabajo en equipo ya que de ello depende el éxito o fracaso de la misma. La forma de convivencia y el ejercicio del poder pueden desarrollar entre los colaboradores de las organizaciones formas de cultura organizacional positivas o negativas para el funcionamiento de sus procesos. Es tan fuerte el vínculo social entre los individuos que determina una cultura organizacional fuerte o débil. Actualmente las organizaciones y los estudiosos de la administración han volteado sus objetivos organizacionales a sanar los procesos humanos y promover su desarrollo funcional dentro de las empresas.

La materia Dinámica social es de suma importancia en los programas de preparación profesional en diferentes carreras del Tecnológico Nacional de México y de las Universidades del país, ya que fortalece la formación integral de los profesionistas que en un futuro estarán al frente de las organizaciones y tendrán la responsabilidad de conducir y administrar el capital humano y económico de su empresa, por tanto, deberán conocer las tendencias científicas y teóricas en esta área del conocimiento. El objetivo de este libro es desarrollar temas teóricos que permitan el acceso a los alumnos del Tecnológico y a los docentes a temas actuales en el ramo de la sociología y Dinámica social, contemplando las tendencias globales y nacionales en la generación del conocimiento y estado del arte en estas disciplinas.

El desarrollo del libro se llevó a cabo mediante una búsqueda exhaustiva de la información actual en cada uno de los temas propuestos, considerando que fueran de apoyo para el estudio de la asignatura de Dinámica social, con esto se busca que los alumnos y los docentes cuenten con información actual global y nacional que apoye el estudio de la materia. El libro cuenta con cinco capítulos con temas relevantes que se explican ampliamente, considerando que son de ayuda en el proceso de enseñanza aprendizaje llevado a cabo en el Tecnológico.

El capítulo primero hace referencia a los aspectos teóricos de introducción en el campo de la sociología, su desarrollo histórico y su relación con los factores biológicos y psicológicos. El segundo capítulo explica la estructura social y los elementos que la conforman, se considera de igual forma las nuevas maneras sociales en cuanto a su desarrollo social, así como la clasificación de las clases sociales y los aspectos que propician el cambio social. El tercer capítulo hace una amplia referencia a la cultura, los factores que la determinan, su funcionamiento, organización, normas, dinámica y los comportamientos sociales ante las crisis y el uso de las redes sociales. El cuarto capítulo está enfocado al comportamiento humano en las organizaciones, contiene información sobre los grupos, trabajo en equipo, liderazgo, nuevas formas de trabajo y el impacto de la publicidad en el comportamiento social. El quinto y último capítulo contempla información sobre el impacto social de las organizaciones, la responsabilidad social de estas y la influencia de la globalización en las formas de trabajo.

Este libro se desarrolló con la idea de generar un apoyo académico y un impacto positivo en los estudiantes y docentes del Instituto Tecnológico de cd. Cuauhtémoc, esperando que sea consultado y aplicado en la impartición de la asignatura de Dinámica social de la carrera de Ingeniería en Gestión Empresarial y la carrera de Contador Público, así como en otras asignaturas que contemplen los temas tratados en el documento. Agradezco al Tecnológico la oportunidad de participar en el desarrollo del libro.

CAPITULO 1   INTRODUCCIÓN AL COMPORTAMIENTO SOCIAL

Durante años, los teóricos han tratado de dar explicación al origen de la conducta de los individuos, en este tiempo, se han desarrollado infinidad de teorías que de una manera o de otra trataron sin éxito, de establecer este origen. La mayoría de estos enfoques, solo se dedicaban al estudio de un solo aspecto, como el tamaño y forma de la cabeza, a la complexión física e incluso hasta lo atribuían a la posición de los astros; no es hasta que se inicia formalmente con el estudio de la psicología como ciencia a finales del siglo XIX e inicios del siglo XX, que se da una explicación científica a este fenómeno y se llega a la conclusión de que es la interacción de tres factores, el biológico, el psicológico y el social, los que determinan el comportamiento de un sujeto y su individualidad.

1.1 Introducción al comportamiento social.

La sociología es una ciencia social relativamente nueva, surge aproximadamente en 1830, cuando los teóricos observaron las condiciones de vida en las ciudades y esto los llevó a ver la necesidad de estudiar, comprender y explicar cómo funciona una sociedad.

Gómez, (s.f.), Comenta que la sociología es una ciencia que comienza a estudiarse en el siglo XIX con el objetivo de entender los fenómenos sociales, mediante el uso de los recursos científicos, buscando la disminución de los problemas sociales. El autor cita textualmente que:

> Los primeros problemas a los que se dedica la sociología son la pobreza, la urbanización, la lucha de clases, los conflictos políticos... Son el conjunto de problemas característicos del siglo XIX que se han dado en llamar la cuestión social. A lo largo del siglo XX el conjunto de preocupaciones y campos de interés de la sociología se ha ido incrementando hasta abarcar un amplio espectro de temas y problemas.

1.1.1   Concepto de Sociología y su objeto de estudio.

Barajas-Martínez (2010), dice que el origen de la palabra sociología viene del latín socius que significa socio, y logia que se refiere al estudio. Lo define como la ciencia que trata de las condiciones de existencia y desenvolvimiento de las sociedades humanas. Raffino (2020) señala que la sociología "es una ciencia social que se aboca al estudio del análisis y descripción de la vida en sociedad, y el accionar e interacción entre sus individuos". La Real Academia Española (2020), expone que la sociología se deriva del latín socius que significa socio y de logia que se refiere al estudio o tratado, por lo que conceptualiza a la sociología como la Ciencia que trata de la estructura y funcionamiento de las sociedades humanas.

Existen varios conceptos de Sociología, según algunos de los autores que presentan sus formas de concepción, entre ellos se encuentran Marescalchi y cols., (2018), mencionan en su libro a varios teóricos que exponen sus conceptos de sociología, entre ellos Macionis y Plummer (1999) quienes consideran que "la Sociología es el estudio sistemático, riguroso y científico de la sociedad". Así mismo para Zorrilla (1992), "la Sociología es la ciencia que estudia los grupos humanos (especialmente el grupo máximo: la sociedad) y que procura describir, explicar o predecir el comportamiento de esos grupos, y de sus miembros componentes, en función de las estructuras del grupo y de las tradiciones acumuladas por él en el curso de su formación histórica". Giddens (1993) coincide en que "la sociología es el estudio de la vida social humana, de los grupos y sociedades".

La Universidad Nacional de Colombia (s.f.), cita textualmente a Giddens (1998), quién dice que:

> La Sociología es el estudio de la vida social humana, de los grupos y sociedades. Es una empresa cautivadora y atrayente, al tener como objeto nuestro propio comportamiento como seres humanos. El ámbito de la sociología es extremadamente amplio y va desde el análisis de los encuentros efímeros entre individuos en la calle hasta la investigación de los procesos sociales globales.

Así mismo, la Universidad considera que la Sociología tiene como objetivo estudiar lo ocurrido en la sociedad, mediante el compromiso, constancia conciencia crítica, formando estudiantes críticos y analíticos que realicen estudios científicos en esta disciplina. Los profesionistas de esta ciencia buscan que la interacción social sea armónica, en cualquiera de las estructuras sociales básicas, como los grupos familiares, de trabajo, políticas o de convivencia.

En cuanto a la Sociología como Ciencia, para Barajas-Martínez (2010), la sociología se puede concebir como una ciencia social que tiene múltiples aplicaciones, "la sociología del conocimiento y de la ciencia, la sociología de la religión, la sociología de la educación, la sociología política y electoral, la sociología de la familia, sociología rural y urbana, sociología industrial, sociología de mercados y, aunque no se trata de sociología, podríamos citar la psicología social". Los antecedentes de la Sociología como ciencia exponen varios aspectos, entre ellos lo mencionado por Barajas-Martínez (2010), explica textualmente que:

> todas las ciencias comparten un mismo método, el método científico. El ideal científico o, más bien, cierto ideal científico estriba en que las observaciones, las hipótesis, las tesis, las teorías y las leyes estén apoyadas o sustentadas en términos matemáticos. Pero por el objeto de estudio de las diversas ciencias muchas de ellas no disponen de una herramienta matemática que permita describir en esos términos los fenómenos observados. Y esto es precisamente lo que les pasa a las ciencias sociales, no es fácil encontrar una teoría matemática que encaje con los fenómenos que estudian, aunque cada vez más se encuentran campos como la Teoría de Sistemas o la Teoría de Juegos que tienen aplicación directa sobre el estudio del comportamiento social.

Esta perspectiva denomina ciencias duras a las ciencias exactas y ciencias blandas a las ciencias sociales. Barajas-Martínez (2010), argumenta que es evidente que la sociología pertenece al núcleo de las ciencias sociales, como la ciencia política, la economía, la historia, la antropología, la psicología y otras. Las ciencias sociales utilizan y aplican técnicas y métodos similares para el análisis del objeto de estudio el cual está bien definido. La sociología y la antropología comparten el campo de estudio de la cultura. El objeto de estudio de la sociología es analizado por varios autores, entre los cuales se encuentran Barajas-Martínez (2010), quién expresa que el objeto de estudio de la sociología es el individuo en sociedad y sus formas de interacción. Poviña (2013) establece que el hombre es el objeto genérico, de estudio en la sociología, pero por menos que se mire, su unidad aparece quebrada por las vertientes que lo integran.

"Hay que dar a la Sociología, la misión de captar en el hombre sus relaciones con otros hombres, es decir, considerar a los hombres como semejantes".

Raffino (2020), expone que los sociólogos utilizan dos tipos de métodos para llevar a cabo sus investigaciones: cuantitativos y cualitativos, el primero de ellos, el método cuantitativo, es aquel que hace medición de las variables de forma numérica y que son analizadas estadísticamente, estableciendo correlaciones entre los datos. El segundo es el método cualitativo, que está enfocado a las explicaciones y descripciones de los comportamientos de los sujetos en determinadas situaciones. Además, se obtiene información verbal de los propios protagonistas de los hechos a investigar.

1.1.2 Desarrollo histórico de la Sociología y sus perspectivas teóricas.
Uña (2015), cita varios autores que argumentan sobre el origen de la sociología, entre ellos está Rodríguez-Zúñiga (1991), quién afirma que "la sociología debe diferenciarse de la teoría social anterior", considerando la reflexión que se realiza sobre la sociedad, considerando el contexto histórico. El autor menciona a Gurvitch (1958) quién considera que los orígenes de la sociología pueden ser Aristotelicos, ya que se estudiaba la sociedad, el poder o política, las normas y costumbres. Así mismo expone la idea de Warner, (1982), quien explica que "la moderna teoría social comenzó durante los siglos XVII y XVIII cuando el apasionado conflicto religioso, el radical cambio económico y la violenta lucha política estimularon un pensamiento apremiante y fundamental sobre la sociedad."

Uña (2015), expone que, a principios de 1800, las condiciones sociales en Europa se encontraban en condiciones deplorables, hacinamiento provocado por el crecimiento y la migración de la población, poca higiene, problemas de salud, el capital se encontraba en manos de la burguesía, estalla la revolución industrial que introduce maquinaria a los procesos productivos y el hombre se ve desplazado por la máquina, lo que conlleva al desarrollo social, provocado por cambios drásticos. El autor cita a Moya (1982), quien considera que el aspecto que dio auge al surgimiento de una ciencia enfocada al estudio de la sociedad es la revolución francesa al establecer la "declaración de los derechos del hombre y de los ciudadanos en 1791". Pellini (2014), menciona que es hasta fines del Siglo XIX que se empieza a estructurar la sociología como ciencia, definiendo su campo y objeto de estudio, los constantes cambios y problemas sociales, así como la introducción de equipos tecnológicos en la producción industrial, dan pie al desarrollo de la sociología como ciencia y esto mismo genera su aplicación tanto en el ámbito social como organizacional.

1.1.2.1   Los fundadores de la Sociología (Comte, Durkheim, Weber, Marx, G.H. Mead) y sus perspectivas teóricas.
Pellini (2014), argumenta que la sociología inicia en "un período de progreso y de optimismo científico, en cuyo transcurso se formularon las principales corrientes del pensamiento sociológico, encabezadas por Auguste Comte, Herbert Spencer, Emile Durkheim, Vilfredo Pareto y otros. Se reclamaba para la recién nacida sociología un estatus semejante al de las ciencias naturales (química, física, biología)." Uña (2015), expone que la sociología se apoyó en sus inicios en las ciencias naturales, aplicando sus formas de trabajo para el análisis de la sociedad, el autor menciona que "La sociología sería una consecuencia del vacío explicativo dejado por las restantes

ciencias sociales. Al igual que ellas surgen de la necesidad de salvar contradicciones y problemas sociales internos, no resueltos por las disciplinas existentes".

Marescalchi y cols., (2018), mencionan que para Peter Berger (1963):
la perspectiva sociológica consiste en ver lo general en lo particular. Lo que Berger quería decir con esto es que los sociólogos son capaces de identificar pautas generales en la experiencia social de las personas. Los sociólogos reconocen y tienen presente que cada individuo es único, pero también reconocen que sus experiencias vitales van a ser unas u otras dependiendo de la categoría a que pertenecen (sin son hombres o mujeres, ricos o pobres, niños o adultos, entre otros).

Campoy (2010), sostiene que Auguste Comte se considera oficialmente como el padre de la Sociología, ya que fue el que designo a esta ciencia el nombre de "Sociología en el año 1838", este teórico es de la perspectiva funcionalista y considera que la sociedad está formada por tres pilares, el individuo, la familia y la sociedad. Parte de sus aportaciones son los fundamentos del positivismo los que redacta en su libro filosofía positiva, Comte trabaja en adaptar la metodología científica de las ciencias naturales, a las formas de trabajo del estudio de la sociedad. La autora menciona a Herbert Spencer, un teórico con perspectiva organicista que concebía a la sociedad como un organismo vivo, que funcionaba como un sistema de partes interconectadas entre sí. Su trabajo científico lo dedico a dar respuesta a la adaptación evolutiva de la sociedad, basada en la supervivencia del más apto. Su primera obra literaria, Social Statics fue publicada en 1851, donde argumentaba que la sociedad humana se iría adaptando a las exigencias del entorno, menciona Vincent (2020),

Uña (2015) argumenta que Emile Durkheim con perspectiva teórica positivista, tiene como objetivo encontrar la identidad y especificidad de la sociología, mientras que Campoy (2010) expone que su trabajo científico fue sobre la hipótesis de que la sociedad es la unión de fuerzas físicas y morales que presentan patrones regulares y autónomos, generando un funcionamiento social armonioso y que ejerce poder sobre los ciudadanos en una comunidad. Durkheim propone las reglas del método de análisis cuantitativo sociológico en el año 1895. Uña (2015) cita textualmente que "Emile Durkheim establece en su famoso artículo Representaciones colectivas (1889), que la conciencia colectiva es algo diferente de un simple epifenómeno de su base morfológica", lo que las convierte en una realidad con acción propia. El teórico expone que la naturaleza de los grupos es el principio explicativo de los estados de conciencia de la comunidad y su actuación social. De igual forma Durkheim considera que la sociedad es la fuente de todos los valores sociales que conducen a la verdad.

Karl Marx para Uña (2015), es un teórico con perspectiva del conflicto, quién dedico su trabajo a minimizar y explicar las desigualdades humanas y la lucha de clases. Publica en 1873 el libro el Capital donde expone la dimensión social económica y su relación política, cultural, religiosa entre otras. Barajas-Martínez (2010), expone textualmente que "los críticos de esta corriente Marxista opinan que, al destacar tanto la desigualdad y el conflicto, dejan de lado aquellos mecanismos – como los valores compartidos y la interdependencia – que favorecen la paz y la cohesión social". Uña (2015) manifiesta que Max Weber rechaza la idea de que la sociología sea una ciencia autónoma con reglas rígidas, el considera que se debe enfocar en exponer la problemática social ya que esta inmersa en una situación cultural compleja, Weber en el año 1894 trabajo bajo un esquema histórico-cultural llamado hermenéutica, defendiendo que la sociología estudia las formas de contagio en la actuación social. Weber considera como objeto de estudio de la sociología la acción social como algo significativo para el sujeto, con una influencia reciproca entre los actores sociales, mediante la socialización.

Barajas-Martínez (2010), reconoce a George Herbert Mead como el precursor del interaccionismo simbólico en el año de 1934, el cual se centra en explicar la forma en que la sociedad influye recíprocamente a cada uno de sus actores y esta interacción favorece la construcción de la identidad individual, ya que permite interpretar las situaciones diarias de cada persona. Cubillas-Fontana (2015), menciona que, en el Interaccionismo simbólico, la influencia social es recíproca y se da un intercambio estímulo-respuesta entre los individuos o los grupos, cada uno dará una interpretación a la situación según su experiencia y cultura.

1.2 El ser humano biopsicosocial.

Los autores Marescalchi y cols., (2018), consideran que las diferencias entre niños y adultos no son solo biológicas, sino que también psicológicas e incluso el contexto social influye en el comportamiento de las personas. Las diferentes fases o etapas de la vida crean experiencias únicas para cada individuo. Algunas sociedades, entre ellas las occidentales generan con sus formas de vida niños dependientes de los adultos, quienes deben encargarse de los cuidados de los habitantes vulnerables, mientras que los adultos mayores son confinados a asilos y casas de cuidado, retirándolos de sus funciones laborales y sociales. Por el contrario, otras sociedades desarrollan niños independientes y los ancianos son respetados y valorados. Las diferencias económicas son notables según el nivel económico al que se pertenezca, lo que produce obligaciones y oportunidades diferentes algunas personas viven en la opulencia y otras mueren de frío y hambre. "La pobreza es un factor que marca socialmente la vida de las personas e incide hasta en su supervivencia. Un niño que nace en un hogar con escasos ingresos es un adulto que tiene menos posibilidades de insertarse en la sociedad cuando es adulto".

1.2.1 Factor Biológico

Gutiérrez y Gutiérrez (2019), exponen que es de vital importancia establecer el fundamento biológico de la conducta, cuáles son las estructuras y los procesos biológicos que la determinan, así como el funcionamiento de estas. Dentro de este factor, se estudiarán la herencia, la maduración, el sistema nervioso y el sistema endocrino como los determinantes biológicos de la conducta.

1.2.1.1 Herencia biológica.

La Enciclopedia Autodidáctica Estudiantil Visual (1999), señala que la transmisión de características físicas y psicológicas de una generación de individuos a otra generación constituye la herencia genética. Estas características heredadas, se transmiten a través de los genes tanto del padre como de la madre, que se encuentran en los cromosomas de las células reproductoras. Estos genes pueden ser dominantes y se presentan las características en la mayoría de los miembros de la familia o los genes recesivos que se presentan las características solo en algunos de los miembros.

La constitución genética del individuo está formada por su genotipo o apariencia física, como la estatura, color de piel, ojos y cabellos, largo del cabello, complexión, etc., y su fenotipo que determina su funcionamiento, según las características dominantes y el medio ambiente en que se desarrolle el individuo durante su vida. Para Papalia y Wendkos (1995 y 2009), genéticamente, las personas heredan características como la coordinación motora, las habilidades musicales, artísticas, para aprender, verbales, su capacidad de relación con los demás, etc.; por lo que cada individuo tiene ciertas conductas determinadas por su herencia, lo que lo conducirá a comportamientos ya establecidos, estos comportamientos podrán ser en ocasiones una limitante, como en el caso de las malformaciones genéticas.

1.2.1.2 Maduración biológica

Para Papalia y Wendkos (1995 y 2009), es el proceso de desarrollo y crecimiento físico, psicológico y social de un individuo, que termina por dar lugar a la ejecución de una conducta ordenada, este desarrollo o maduración se produce durante toda la vida en las tres áreas. Este apartado será dedicado al estudio del desarrollo físico únicamente, basado en la investigación de la psicología evolutiva. Durante siglos, se consideró que los niños eran únicamente adultos pequeños, Looft (1971), citado por Papalia y Wendkos (1995 y 2009), por lo que se les exigía comportamiento de adulto y no se les daba mucha importancia, esta falta de interés, obstaculizaba la posibilidad de darse cuenta que el niño tiene una forma de vida diferente del adulto, estas mismas autoras, señalan que hacia 1600, Charles Darwin, publicó sus notas denominadas biografía del bebé sobre el desarrollo de su hijo en la infancia, a pesar de que las observaciones eran con tendencias de padre orgulloso, esta publicación dio pie a otra área de investigación científica, de desarrollo infantil.

Las autoras citan también otro de los teóricos Jean Piaget (1952), quién fue uno de los primeros psicólogos cognitivos, que se enfocó al estudio del desarrollo infantil, el considera que la maduración física infantil, inicia desde la gestación, durante la cual él bebe sufre una serie de cambios que le permiten adaptarse a la vida después del nacimiento, el mismo parto, es un proceso lento de maduración, ya que implica que él bebé desarrolle ciertas habilidades y capacidades, donde su cuerpo se prepara para respirar, para recibir el alimento por sí mismo, etc. A pesar de su dependencia, el ser humano, sufre una serie de cambios de manera muy rápida en los dos primeros años de vida, estos cambios, se dan de manera natural por el desarrollo biológico, pero la adecuada interacción que él bebé tiene con los padres, le permitirá desempeñar cada función de manera más eficiente y rápida, si él bebe no es estimulado adecuadamente, su desarrollo físico será deficiente y muy lento.

El crecimiento físico del niño y el desarrollo de habilidades como las motoras están determinadas por la herencia genética, pero los padres, no deben dejar este desarrollo a la deriva, por lo que es muy importante ayudar al niño a alcanzar su máximo desarrollo, esto se logra a través de una estimulación adecuada y mediante la relación afectiva que se establezca con ellos. Esta estimulación es básica durante todo el desarrollo infantil, pero en los tres primeros años es primordial, en los subsecuentes tres muy importante y después se debe presentar como un apoyo, por el contrario, el lazo afectivo debe ser cada vez más fuerte. Las diferencias genéticas, marcan diferencias de género, dando lugar al desarrollo de habilidades diferentes, por ejemplo, la mujer es capaz de realizar movimientos más finos que el hombre, el cual realiza movimientos más burdos, los hombres adquieren mayor estatura y fuerza física que las mujeres. Esto, organizacionalmente se traduce en una diferencia de desempeño, como se ha visto a través de los años, que existen diferencias entre hombres y mujeres a la hora de desempeñar ciertas funciones o actividades, aunque en esta área, depende mucho el ambiente en que se desenvolvió el sujeto.

1.2.1.3 Sistema Nervioso

Para Papalia y Wendkos (1995 y 2009), este sistema, es el encargado de coordinar todo el funcionamiento de un organismo humano, el cerebro es el órgano principal del sistema, se podría decir que es el director general del organismo. El sistema nervioso es demasiado complejo en su funcionamiento, que para analizarlo sería necesario invertir años en su estudio. En cuanto a su composición y funcionamiento, se puede hacer un análisis básico, que permita entender cuál es su función principal. Las células nerviosas, se denominan neuronas que están cubiertas en parte por una célula glial formada de un tejido graso llamado mielina, que proporciona protección, las neuronas varían en tamaño, función y forma, dependiendo de su ubicación. Estas neuronas están unidas unas con otras por la sinapsis (espacio entre las dos células), de manera que forman una especie de cableado a lo largo del cuerpo, por el cual viaja la información denominada impulso nervioso, tanto la información que se recibe como la respuesta, este impulso nervioso se presenta al ser liberada la sustancia neurotransmisora, que es una sustancia química que hace que la otra neurona reaccione y también libere la sustancia produciendo una reacción en cadena. Esta reacción es instantánea, por ejemplo, al percibir una luz intensa, el organismo cierra los ojos automáticamente y se cubre para protegerse.

El cerebro está formado por dos hemisferios que se unen por el cuerpo calloso, se tiene la creencia que el hemisferio izquierdo, es el pensador o encargado del razonamiento, mientras que el hemisferio derecho se encarga del aspecto artístico, emotivo, soñador. Junto con el cerebro trabajan la medula espinal, el bulbo raquídeo, el tálamo y el hipotálamo, los cuales se analizarán más adelante. Ver figura No. 1. La corteza cerebral está dividida en áreas, las cuales controlan las diferentes funciones del cuerpo, por ejemplo, hay un área que controla el pensamiento, otra que controla el habla, otra motora, etc., así cada función del organismo tiene un área específica que va a encargarse de que funcione correctamente, es por ello por lo que las lesiones cerebrales en ocasiones solo afectan una o dos funciones, dependiendo de la localización de la lesión.

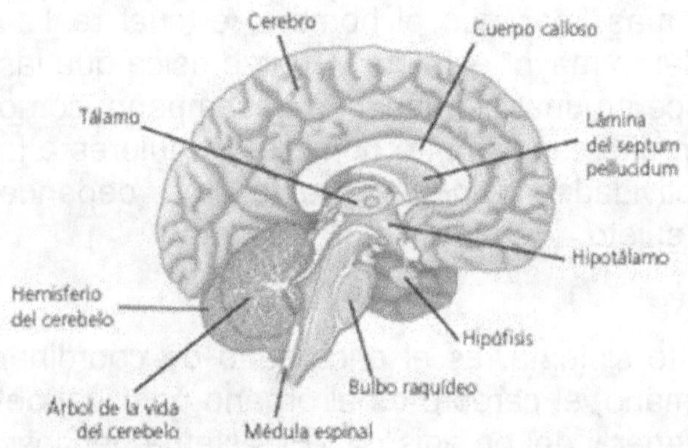

Figura No. 1   Corte longitudinal del cerebro, base del cerebro y médula
Fuente: Papalia y Wendkos, 2009, Psicología, McGraw Hill.

El lóbulo frontal del cerebro se ocupa de las funciones de planificación y buen juicio, los lóbulos parietales, se ocupan del reconocimiento por medio del tacto y de la imagen que se tiene del cuerpo, los lóbulos temporales permiten el reconocimiento auditivo, así como del aprendizaje y la memorización de la información y, por último, el lóbulo occipital tiene control sobre la visión. Ver figura No. 2. La médula espinal es uno de los principales órganos del sistema, se encuentra ubicada a lo largo de la columna vertebral y controla gran parte de las actividades corporales, su radio de acción es del cuello a los pies, controla los movimientos y sensaciones. Cualquier lesión en esta médula, podría dejar a la persona sin movimiento y sensación o hasta podría causarle la muerte. Ver figura No.1

Otros de los órganos del sistema, no menos importantes, son el tronco cerebral que está formado por el bulbo raquídeo, el puente y el mesencéfalo, recibe la información sensorial, controla parte de la función de la lengua, laringe, ojos y músculos faciales, así mismo controla los estados del sueño y niveles de actividad y coordina las neuronas motoras de la médula espinal que controlan el caminar, respirar y los latidos del corazón. El cerebelo está encargado de la actividad motora voluntaria y ayuda a mantener la postura y el equilibrio. El hipotálamo controla el hambre, la sed y las emociones y el tálamo, actúa como relevo motor y sensorial. Ver figura No. 1

1.2.1.4 Sistema Endocrino

Gutiérrez y Gutiérrez (2019), citan a Papalia y Wendkos (1995 y 2009), quienes exponen que el sistema nervioso, controla todo el sistema glandular del organismo, ordenando la liberación de las hormonas que activan el funcionamiento. Estas hormonas son liberadas en el torrente sanguíneo, el cual las transporta, con el objetivo de mantener un equilibrio corporal. El coordinador de los dos sistemas es el hipotálamo. La glándula maestra del sistema endocrino, es la glándula pituitaria, situada en la base del cerebro, controla el funcionamiento de todas las demás glándulas, está formada por dos partes, la pituitaria anterior, que controla el funcionamiento de las glándulas suprarrenales, la tiroides y las gónadas (glándulas sexuales), que modifican la actividad corporal, mediante la elaboración de glucosa, la liberación de adrenalina, control del comportamiento sexual y regulación del equilibrio de sal en el organismo.

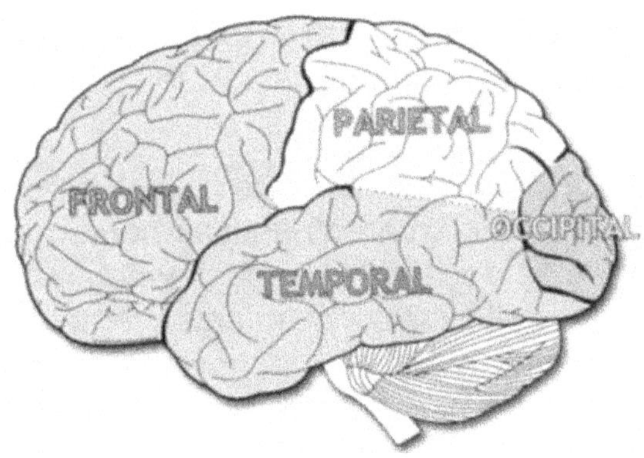

Figura No. 2   Lóbulos cerebrales
Fuente: Ardila R., 2014, Psicología Fisiológica, Trillas

Ardila (2014), expone que la glándula pituitaria posterior, libera la vasopresina que disminuye el volumen de la orina, la oxitocina que estimula las contracciones del útero en el parto y después del parto, libera la prolactina que estimula la producción de leche materna. Esta liberación hormonal, determina biológicamente comportamientos que, combinados con la influencia social, se convierten en formas de vida. Algunos de estos comportamientos, son los referentes al rol sexual, las gónadas, por medio de las hormonas sexuales (estrógenos, andrógenos, testosterona), generan conductas propias al sexo, como la maternidad en la mujer y el instinto de protección en el hombre estos comportamientos sexuales varían según la cultura, pero pueden incluso determinar comportamientos organizacionales como lo puesto de liderazgo, puestos de operación con fuerza física o de manualidades. De otra forma, la liberación de adrenalina provocada por los cambios emocionales, drásticos, que se presentan en situaciones de emoción extrema como el pánico, la sorpresa, la angustia, etc., esto produce comportamientos en los humanos como el aumento de la actividad, de la fuerza y resistencia física, así como la disminución al dolor, por un lado, o la paralización temporal de la actividad y disminución de la capacidad de habla por otro.

1.2.2 Factor psicológico.

En este punto, se establecerán los principales aspectos psicológicos que determinan la conducta del ser humano, se analizará cada uno de ellos de manera que se pueda realizar posteriormente una valoración de la conducta de los individuos en un escenario laboral, según lo presentado por Gutiérrez y Gutiérrez (2019).

1.2.2.1 Inteligencia

Es un campo que no se ha terminado de estudiar, todavía queda mucho por investigar y analizar, algunos autores citados por Papalia y Wendkos (1995 y 2009), definen la inteligencia citando a varios autores que la conceptualizan de diversas formas, entre ellos esta Terman (1921), uno de los primeros autores en estudiar este campo, la define como la " capacidad para pensar de manera abstracta ", de igual forma citan a Wechsler (1944), formuló una definición práctica la " capacidad para actuar con un propósito concreto, pensar racionalmente y relacionarse eficazmente con el ambiente ", las autoras también mencionan a Piaget (1952), dedicado al estudio del desarrollo infantil, la define como la " capacidad para adaptarse al medio ambiente ". Los tres autores coinciden en que se trata de una capacidad, esto conduce a algo que se tiene y se puede mejorar., se considera que aproximadamente hasta los 15 años se puede acrecentar la capacidad intelectual de un individuo, después, solo se adquiere conocimiento.

Por lo que Papalia y Wendkos (1995 y 2009), llegan a la conclusión de que la inteligencia se da como resultado de la interacción entre las características heredadas (se cree que de la madre) y el medio ambiente donde se desarrolla el sujeto y definen la inteligencia como la capacidad para adquirir, recordar y utilizar conocimientos; entender conceptos concretos y abstractos; comprender la relación entre los hechos, los objetos y las ideas. Todo lo anterior aplicado y utilizado para la resolución de problemas en la vida cotidiana. Por lo tanto, se puede concretar una definición donde la inteligencia sería la capacidad global que el individuo tiene de adaptarse al medio ambiente en que se desenvuelve.

La inteligencia se mide como la capacidad intelectual de un sujeto a través de pruebas psicométricas que determinan el cociente de inteligencia (CI) de la persona. Estas pruebas psicométricas, engloban la evaluación de diferentes factores que conforman esta capacidad, como son el razonamiento verbal y numérico, la habilidad verbal y numérica, las relaciones espaciales, secuencias, habilidades motoras, comprensión, semejanzas, claves numéricas, figuras incompletas, etc., es por esto, que determinar esta capacidad, requiere de un estudio amplio.

1.2.2.2 Motivación

Se refiere a la energía interna o intrínseca, que impulsa a actuar, para Papalia y Wendkos (1995 y 2009), la motivación tiene una base biológica, una base cognitiva y otra parte que es aprendida, por lo que las conductas se ven afectadas al conjugarse los tres factores motivacionales. Biológicamente, se tienen los instintos humanos, que propician la acción de las personas, siendo la forma básica de movimiento humano, la supervivencia, los instintos llevan a las personas a desarrollar conductas, tanto para supervivencia; como para su protección, crecimiento personal y social. También están los impulsos fisiológicos y psicológicos, que conducen a la acción, ya que el impulso crea un estado de tensión que debe ser modificado para reducir esa tensión. Entre los impulsos están el hambre, la sed y el apetito sexual, que son fisiológicos y la seguridad, la filiación y necesidad de reconocimiento que son psicológicos; por ejemplo, al encontrarse un individuo en una situación de desamparo, como sería después de un naufragio, primero actuaría por el instinto de supervivencia, buscando vivir, alimentarse, protegerse del medio ambiente, evitar riesgos, buscar un lugar de establecerse.

En relación con el aspecto cognitivo, se refieren al proceso del pensamiento, a la forma en que se interpretan los acontecimientos y como se decide reaccionar ante ellos. Aquí se engloban el estado de ánimo que se tiene en ese momento, la información con que se cuente, la expectativa y el esquema mental con que se compare el suceso, lo que conducirá a un razonamiento y basado en este análisis, se producirá una forma de conducta. Por ejemplo, sí en la empresa se requiere un trabajo urgente, al pedirle a los trabajadores que se queden tiempo extra, la repuesta de ellos dependerá de sus necesidades económicas en ese momento, de su estado de ánimo y del compromiso que sientan con la empresa.

El aprendizaje de la motivación se produce de acuerdo con el grupo social al que se pertenece, el ser humano tiene la capacidad de observar y de imitar, por lo tanto, basa sus conductas en esa observación, el grupo social establece comportamientos correctos o incorrectos, por lo que el sujeto se concreta a actuar de acuerdo con lo establecido, según la costumbre del grupo en el que el individuo se mueva, serán los impulsos de este al actuar. Comparando dos grupos sociales, los menonitas, que son trabajadores desde pequeños, la mayoría sigue este ejemplo y en cambio los tarahumaras que se dedican a pedir korima (ayuda económica) para subsistir, se ven de todas las edades pidiendo en las esquinas y cruceros.

1.2.2.3 Emociones

Papalia y Wendkos (1995 y 2009), señalan que se consideran emociones, las respuestas que el individuo da a los estímulos del medio ambiente, implican sensaciones y cambios fisiológicos que se producen por la liberación de adrenalina (aumento del ritmo cardíaco, sudoración, temblor, respuesta pilomotora, aumento de la respiración, tensión muscular, etc.), el nivel de adrenalina secretado, varía según la intensidad de la emoción, al igual que la respuesta fisiológica, varía según la intensidad con que se sienta. La sensación de la emoción es individual, lo que para una persona es agradable, para otra puede ser desagradable, como aquellas personas que disfrutan de las emociones fuertes en los deportes extremos como el paracaidismo y la práctica del bongee, etc. Dentro de las emociones se encuentran el miedo, la ira, los celos, el amor, la alegría, la sorpresa, que son agradables o desagradables para cada una de las personas y la forma en que se manejan o se responde a ellas está establecida por el grupo social, que es el que determina los comportamientos adecuados en cada situación, por lo que se puede pensar que las emociones humanas, pocas veces se experimentan en su forma pura.

1.2.2.4 Aprendizaje

Papalia y Wendkos (1995 y 2009), definen el aprendizaje como la modificación de la conducta, a través de la adquisición de conocimientos o habilidades. Para que el aprendizaje se pueda llevar a cabo, es necesario que el individuo haya alcanzado un determinado grado de madurez, que le permita biológicamente desarrollar esa conducta. El aprendizaje puede ser de tipo asociativo, si se da de manera conjunta con un estímulo, por ejemplo, hacer alto ante un semáforo en rojo. El individuo al encontrarse frente a un estímulo nuevo, lo compara con algo similar que ya conoce y de esta manera, su aprendizaje se va asociando a otros aspectos.

Gran parte de las conductas de una persona, se deben a la imitación que estas han determinado llevar a cabo, por medio de modelos a seguir, así es como se establecen las modas en peinados, ropa, frases, ademanes, bailes, etc., Otra forma de aprendizaje se refiere al aspecto social, donde se aprende a comportar de acuerdo a las conductas aceptadas por el grupo, este aprendizaje social se da también en gran parte por la imitación, por el castigo a ciertas conductas como la delincuencia, el asesinato, el fraude y el refuerzo de actos como los heroicos, el respeto, la honradez, etc., la transmisión de mensajes, que se realiza por medio de movimientos corporales, símbolos o sonidos varia de una cultura a otra..

Socialmente, también se maneja el comportamiento supersticioso, donde se asocia una conducta con su consecuencia, por ejemplo, el pasar bajo una escalera, que se considera como un acto de mala suerte, posiblemente porque a alguien le cayó encima algo que se encontraba sobre la escalera, y desde entonces se ha determinado como algo riesgoso. Por lo que sí se gana una rifa con determinado número, consecuentemente se buscará el mismo número para rifas posteriores. Psicológicamente, cada aspecto aprendido, forma un esquema mental, que es utilizado a lo largo de la vida de un individuo, para establecer conductas y evaluaciones ante objetos, personas y situaciones, esto mismo, facilita la adquisición de conductas nuevas, como en el caso del aprendizaje escolar, que se utilizan las bases anteriores, para desarrollar conceptos y procesos nuevos.

Un determinante muy poderoso del aprendizaje es la motivación, la cual va a facilitar la adquisición de la conducta o va a impedirla, ya que al sujeto se le facilita aprender todo aquello que va acorde con sus intereses y le hace sentir a gusto con la situación y consigo mismo. Esta motivación determina el grado y nivel de aprendizaje, que conduce a la aplicación del concepto al análisis y solución de problemas. Las autoras, citan a Bandura (1977), como uno de los autores que ha trabajado en el aprendizaje social y señala que la observación es un factor de influencia en el aprendizaje, por lo que actualmente se atribuye a la gran cantidad de películas y programas de televisión violentos, a los que están expuestas las personas y sobre todo los niños, el gran aumento de violencia social. Así mismo, el autor señala, que el individuo aprende a trazar metas propias y realiza una autoevaluación de su conducta, basada en sus esquemas mentales, premiando o castigando su actuación.

1.2.2.5 Personalidad

Se define como la característica que distingue a un individuo de otro, Papalia y Wendkos (1995 y 2009), citan varios autores que han desarrollado teorías sobre la personalidad, estas teorías, varían en contenido, tratan de explicarla desde diferentes puntos de vista, como el biológico, otras lo atribuyen al ambiente y otras a la capacidad de la persona, como el caso de Freud (1939), quien supone que la personalidad está estructurada por tres partes, que controlan la actuación del individuo el id, el yo y el superyó, además cree que el impulso sexual controla la conducta de los individuos. El id o ello, se presenta desde el nacimiento, está controlado por los impulsos biológicos, (hambre, sed, sexualidad, sueño, etc.), demanda la satisfacción inmediata de estos impulsos, por lo que el individuo buscara a toda costa dicha satisfacción.

El ego o yo, se va desarrollando cuando el niño se da cuenta de que los impulsos, no se satisfacen automáticamente e incluso, habrá ocasiones en las que tendrá que trabajar para lograr su satisfacción. Aquí el individuo se ubica en la realidad en la que se desenvuelve. Actúa como un mediador entre el ello y el superego. El superego o superyó, actúa como un evaluador de las situaciones, se adquiere por la convivencia social, ya que indica que actuación es correcta o no lo es. Aquí se manejan todas las formas de actuación desde un punto de vista perfecto, el yo tratará de mediar el impulso, la forma ideal de actuar y la realidad en la que se sitúa el sujeto. Una de las críticas a la teoría de Freud, es hacia su exagerada fijación en el papel que el sexo jugaba en la conducta. Aunque se le reconoce la aportación a la psicología con el término que desarrolló ampliamente de inconsciente, para el cual propicio análisis más profundos en cuanto a su funcionamiento, ya que era un área poco estudiada. Otra de las cuestiones que se acepta de esta teoría y se ha utilizado como base para el estudio de la personalidad, es el considerar las experiencias previas del sujeto vividas en su infancia, como generadoras de conducta en la edad adulta.

Otros autores citados por Papalia y Wendkos (1995 y 2009), son los siguientes, uno de ellos que estudió el desarrollo de la personalidad fue Adler (1937), quien trabajó con la idea que el hombre era más social que sexual, estableció que la forma de conducirse en grupo determinará el éxito en la vida, desarrolló los términos de complejo de inferioridad y de superioridad, así como el de estilo de vida. Jung (1961), quien aporta los términos de introvertido y extrovertido, que se refieren a la forma en que se conduce el individuo en la consecución de las metas (autorrealización). Uno de los teóricos contemporáneos es Bandura (1977), que, de acuerdo con su teoría de aprendizaje social, señala que la personalidad se adquiere mediante la imitación de modelos, lo cual se da a través de la observación de las conductas de los demás, de aquí se deriva el parecido con los padres. Otro de los contemporáneos es Rogers (1987), quien señala que la personalidad se desarrolla partiendo del concepto de sí mismo, donde el individuo, tendrá que encontrar su yo real, aceptarlo y valorarlo para ser el sujeto que se propuso. Para establecer esto, será necesario que el sujeto, genere un funcionamiento congruente entre su yo ideal y su impresión real de sí mismo, logrando un funcionamiento individual adecuado.

Se pudiera concluir que la personalidad tiene una parte que se hereda de los padres, como las características que se manifiestan como el ser introvertido, o ser extrovertido, el carácter de la persona, etc., y otra parte que se adquiere, según el medio ambiente en que se desenvuelve el individuo, que le proporciona experiencias individuales, que finalmente lo conducen a ser un individuo único con personalidad única. Aquellas personas como los niños de la calle que viven en ambientes hostiles desarrollan una personalidad desconfiada, agresiva y violenta, debido al medio hostil, agresivo y desconfiado en que se desarrollan, a diferencia de un niño que es criado en un ambiente familiar cariñoso y tranquilo.

Según Robbins y Judge (2013), hay atributos de la personalidad que influyen en el comportamiento organizacional. Uno de ellos es el locus de control, que se refiere al grado en que el individuo considera que controla su vida o lo que sucede lo atribuye al medio. Locus de control interno, se considera que el control de las circunstancias es debido a las características personales y a la forma de actuación que el individuo tiene, esto los hace sentirse dueños de la situación y actúan de manera responsable por lo tanto al alcanzar el éxito, la satisfacción laboral es enorme. El locus de control externo, por lo contrario, aquí la persona considera que todo lo que sucede es generado por el ambiente, quienes tienen esta forma de percibir, son individuos con comportamientos inadecuados, por lo que manifiestan menos satisfacción laboral, mayor ausentismo, menor calidad en su desempeño.

1.2.2.6 Actitudes

Las actitudes desde los primeros años de vida son imitadas de aquellas personas con las que se convive, sobre todo de aquellas que se admiran, respetan o se quieren, como serían los padres, familiares, maestros, amigos, artistas, personajes sociales, etc.

Algunos teóricos modernos, consideran las actitudes como parte de la personalidad de un individuo. La medición de la personalidad se compone principalmente de rasgos, que son considerados características más o menos permanentes de un individuo para responder de cierta manera ante las situaciones. Por ejemplo, si se es dominante o ansioso se considerará que responderá de manera dominante o ansiosa.

Una actitud, según Kerlinger y Lee (2002), es una predisposición organizada para pensar, sentir, percibir y comportarse hacia un objeto de referencia o cognoscitivo. Es una estructura permanente de creencias que predispone al individuo a comportarse de manera selectiva hacia referencias de actitud. Bem (1972), citado por Morales y cols. (2007), cataloga la expresión de la actitud de un individuo, como una inferencia de la observación de su propia conducta. Para Fishbein y Ajzen (1975, 1980), citados por Morales y cols. (1995), la actitud es un juicio evaluativo bipolar acerca de un objeto. Mientras que para Brown (1958), citado por Kerlinger y Lee (2002), el referente es una categoría, clase o conjunto de fenómenos físicos, eventos, comportamientos o incluso constructos que pueden ser conceptos o esquemas.

Así, las personas tienen actitudes hacia infinidad de cosas diferentes como los grupos étnicos, instituciones, la religión, aspectos y prácticas educativas, los derechos civiles, la propiedad privada, entre otros o sea se tiene actitud hacia algo en un momento determinado. El rasgo de personalidad tiene una referencia subjetiva, mientras que la actitud tiene una referencia objetiva. Por eso, una persona que tiene una actitud hostil hacia los extranjeros puede ser hostil hacia los extranjeros, pero alguien que tiene un rasgo de personalidad hostil, en forma potencial es hostil hacia cualquier persona.

Breckler (1984), citado por Davis y Newstrom, (1995 y 2003), dijo que las actitudes tienen tres componentes, uno cognitivo que se refiere a lo que se piensa, uno emotivo relacionado con lo que siente y uno conductual que es la forma de actuación. Una definición de actitud más reciente es la que la considera como una asociación entre un objeto dado y una evaluación dada hacia el objeto, así, para Fazio (1989) citado por Gutiérrez y Gutiérrez (2019), las situaciones, los problemas sociales y las personas son considerados objetos actitudinales. La evaluación se refiere al afecto que despierta ante la persona, si la persona carece de experiencia con el objeto actitudinal, no se puede hablar de actitud. Por lo tanto, los cambios de orientación de las personas indican que las actitudes se están modificando constantemente, donde la asociación objeto - evaluación existente en la memoria, es susceptible de modificación. Tener una actitud hacia un objeto, es más funcional para la persona que no tener ninguna, puesto que por ese solo hecho se puede orientar en su conducta o forma de reaccionar conociendo lo conveniente o lo necesario de evitar en relación con el objeto, así mismo, evitará el reflexionar cada vez que se presente la situación o el contacto con el objeto, es una reacción prácticamente automática, a la situación, hace frío, me abrigo.

La predicción del autor es que las actitudes más accesibles, aquellas que implican una asociación fuerte objeto - evaluación serán más funcionales y ayudarán más a la persona a guiar su acción hacia el objeto. La orientación social predominante de una persona o grupo de personas las predispone a mantener o adoptar actitudes que cumplen con una función determinada. El principio de compatibilidad planteado por Ajzen (1989), citado por Robbins (1995, 1999, 2004 y 2009), afirma que solo se pueden esperar relaciones entre actitudes y conductas cuando ambas están planteadas en un mismo nivel de generalidad, es decir, no puede pronosticar a partir de una actitud genérica un comportamiento específico. En el campo laboral, según Robbins y Coulter (2015), se pueden encontrar tres tipos de actitudes laborales, la primera, la actitud de satisfacción laboral que es positiva en cuanto al trabajo, la segunda que se refiere al interés laboral, considerando el grado de identificación de la persona con su trabajo, la participación que tiene y la importancia que le da al rendimiento para su autoestima. Se ha asociado el interés laboral con la actitud hacia la aceptación del cambio, y la tercera que se refiere a la entrega que el trabajador tiene hacia la organización, su lealtad, identificación y participación en los procesos organizacionales.

1.2.2.7 Percepción

Papalia y Wendkos (1995 y 2009), definen como percepción, a la organización que el cerebro da a las sensaciones, que son la respuesta a la recepción de la información o estímulos captados por los órganos sensoriales. Los órganos sensoriales se encuentran por todo el cuerpo y a pesar de que sólo cinco de ellos (ojo, oído, tacto, gusto y olfato), son revisados o estudiados en el ámbito escolar, el organismo cuenta con varios sentidos que le permiten adaptarse a su medio ambiente. Toda persona tiene un umbral absoluto que se refiere a la intensidad más pequeña de un estímulo que se percibe. Es imposible que una persona responda a todos los estímulos a los que está expuesto en su medio ambiente, como luces, sonidos, colores, movimientos, por lo que el organismo presenta una adaptación (disminución los niveles de respuesta), es decir, se ha habituado a cierta cantidad de estímulos, que lo protegen de esa estimulación constante, por lo que ya no los hace conscientes. Después de un rato de aplicarse una loción, ya no se percibe el aroma.

Solo aquellos estímulos que son diferentes a lo habitual llamaran la atención y se harán conscientes en el individuo, provocando respuesta a ellos, como podrían ser un ruido fuerte, un movimiento más rápido de lo normal, una luz intensa, la constante repetición de algo, un olor penetrante, etc., o algún cambio notorio en la persona, como su ropa, peinado, color de cabello o comportamiento. Existen varios sentidos Humanos, cuerpo cuenta con varios sistemas sensoriales incluyendo los cinco sentidos que regularmente se estudian, cada sistema sensorial, permitirá al organismo detectar diferentes aspectos de los estímulos.

Estos son expuestos por Papalia y Wendkos (1995 y 2009), algunos de ellos son el sentido de la visión que tiene su base sensorial en el ojo, es uno de los sentidos más completos, se tiene la idea de que proporciona el 80% de la información a la que sé está expuesto. Se caracteriza por su gran capacidad de captación de ondas luminosas, su funcionamiento es similar al de una cámara fotográfica, en el cual la luz pasa a través de la pupila que se contrae o dilata para moderarla, llega a un lente llamado cristalino que enfoca la imagen y la refleja en la retina, la cual la envía al cerebro por medio del nervio óptico, para ser identificada la imagen. Los problemas para enfocar la imagen son causados por la forma del ojo, que puede ser más corto o largo de lo normal y produce astigmatismo y miopía.

Otro sentido es el oído, controla la audición y permite mantener una comunicación con las demás personas, ya que, a través de este sentido se puede escuchar. Su base sensorial es el oído, se caracteriza por la gran sensibilidad a las ondas acústicas o sonoras, el volumen del sonido se mide en decibeles (db), que reflejan la amplitud de la onda, a mayor número de decibeles más intenso es el sonido. Las orejas o pabellones, sirven como antena parabólica ya que captan esas ondas sonoras y las conducen al canal auditivo, donde está el tímpano que vibra con las ondas, haciendo contacto con los huesecillos martillo, yunque y estribo que conducen la onda a la ventana oval y al oído interno, llegando la onda a los canales semicirculares y caracol, los cuales están llenos de líquido, el movimiento de este líquido hace vibrar la membrana basilar que contienen las células nerviosas ciliares, que generan impulsos nerviosos hacia el cerebro, donde se identifica el sonido escuchado.

Son varios los sentidos cutáneos, tienen su base sensorial en la piel humana que posee receptores nerviosos para varias sensaciones, entre las cuales se encuentran:
   a) El tacto, que permite distinguir la textura de las cosas.
   b) La sensación de temperatura, que dará la diferencia entre calor o frío.
   c) El dolor que permite conocer cuando algo causa daño.
   d) La sensación a la presión que permite distinguir cuando algo cala, presiona o aprieta en la piel.

Entre los sentidos químicos son los sentidos del gusto y el olfato, los cuales son estimulados por sustancias químicas que se perciben en las células receptoras. El sentido del gusto tiene su base sensorial en las papilas gustativas de la lengua, este sentido añade sabor a la vida, puesto que permite distinguir entre los diferentes sabores. La punta de la lengua percibe el sabor dulce, salado y amargo, mientras que los lados perciben el sabor ácido. Las papilas se regeneran cada 10 días aproximadamente, pero con el aumento de edad, esta regeneración disminuye. El sentido del olfato tiene su base sensorial en las fosas nasales, este sentido está estrechamente relacionado con el sentido del gusto, el cual depende del olor para poder saborear. En las fosas nasales se encuentra la mucosa olfatoria, que tiene receptores que, al estimularse con un olor manda una señal al bulbo olfatorio que clasifica la información y la envía al cerebro quien identifica el olor. Este sentido es uno de los más complicados, ya que no se ha podido clasificar lo olores de manera completa, lo que se ha encontrado, es una relación entre la forma de la molécula de olor y su punto de recepción o su olor.

   Nota: El que los sabores y olores sean agradables o desagradables, depende de la individualidad del sujeto, esto explica la diversidad de gustos en platillos alimenticios y perfumes.

Existen otros sentidos humanos que no son tan conocidos como los 5 sentidos básicos, pero su importancia es vital, debido a que cualquier persona requiere de su funcionamiento correcto y preciso para poder sobrevivir, algunos de ellos son los siguientes:
   a) Sentido de la propiocepción: Tiene su base sensorial en los músculos y las articulaciones y permite conocer el movimiento y la posición de las diferentes partes del cuerpo. Da información de donde esta cada parte del cuerpo y que postura tiene.
   b) Sentido del Equilibrio: Tiene su base sensorial en los canales semicirculares de oído, donde hay células receptoras que perciben la posición de la cabeza, envían

señales al cerebro indicando un cambio de postura para que se pueda mantener el equilibrio adecuado.

c) Sentido Vestibular: Se encuentra muy ligado al sentido del equilibrio, pero este sentido indica si se va hacia arriba, hacia abajo, hacia delante o hacia atrás, si se ha colocado correctamente, etc. Por ejemplo, al subirse a un elevador, se percibe el movimiento de este.

d) Sentido Cinestésico: Tiene su base sensorial en los músculos de todo el cuerpo, ya que permite realizar movimientos finos, como los de un cirujano y además manda información sobre la tensión de los músculos.

e) Sentido Interoceptivo: Tiene sus bases sensoriales en los órganos internos del cuerpo, ya que permite obtener información sobre alguna situación irregular en ellos, por ejemplo, una vejiga llena, la aceleración del corazón, taquipnea (aumento en la respiración), etc.

La percepción social propicia la interpretación de las relaciones interpersonales, la formación de impresiones y los esquemas mentales tiene influencia en la interpretación de lo percibido. Robbins y Judge (2013), presenta la teoría de las atribuciones desarrollada por Kelley (1972), con la cual se trata de dar explicación a la forma en que se juzgan las personas y como se interpreta su conducta. La teoría propone que, al observar la actuación de una persona el observador, trata de determinar si la actuación se presenta por causas personales individuales (control interno) o la provoca el medio ambiente o circunstancia (control externo), esta determinación, está sujeta a tres factores que son, el disentimiento, el consenso y la consistencia.

El primero, el disentimiento, se refiere al hecho de que la persona observa los comportamientos en diferentes circunstancias, los cuales tendrán una interpretación diferente. Si la conducta es similar en varias personas al mismo tiempo, se considera que influye el segundo factor, el consenso y se atribuye su conducta a las circunstancias. El tercer factor, influye al tratar de encontrar consistencia en la conducta de la persona, ante situaciones similares. A mayor consistencia, se atribuirá la conducta a causas internas. Uno de los errores que la teoría de atribución ha encontrado en sus aplicaciones, se refiere al encontrar que el sujeto que percibe presenta sesgos atribucionales, tendientes a subestimar la influencia externa (error fundamental de atribución), atribuyendo toda la conducta a las causas internas. Así mismo, las personas tenderán a atribuir sus éxitos a ellos mismos y los fracasos a las circunstancias (prejuicio de autocomplacencia).

La percepción de personas presenta errores frecuentes, como la percepción selectiva que consiste en percibir de la otra persona sólo aquellos aspectos que concuerdan con la idea o intereses del observador, esto se presenta ante la imposibilidad de captar todos los detalles de las personas. Otro error es el efecto de halo que consiste en basar el juicio de una persona en una sola característica de ella, sin considerarlo como un todo. Similar a este efecto es el de contraste, donde se tiende a evaluar a un sujeto comparándolo con otro o con uno mismo como el caso de la proyección, donde se le atribuyen al otro las características y errores propios. La aplicación de estereotipos y prejuicios es muy frecuente como error al evaluar a otros.

Dentro de las organizaciones es muy utilizada la evaluación de la actuación de los demás en el área de recursos humanos, eso se vive diariamente en las entrevistas de empleo, en la evaluación del desempeño, en la satisfacción laboral que el trabajador presenta, en los inventarios de personal, al implementar el desarrollo organizacional, en la implementación de sistemas de incentivos, etc. Debido a que la percepción de personas es demasiado ambigua y compleja, es conveniente que las organizaciones coloquen en los puestos donde se tendrá que evaluar a otros, a personas con una gran capacidad de percepción y que sean muy objetivas a la hora de emitir un juicio, para evitar con ello la aparición de sesgos y de errores en la interpretación.

A este respecto, Gordon (1997 y 2001), propone cinco puntos recomendables para eliminar dichas distorsiones:
   a) Reunir suficiente información sobre los comportamientos y las actitudes de los demás, con el fin de tener bases sólidas.
   b) Confirmar las conclusiones, establecer las causas, validar los juicios.
   c) Separar los hechos reales de los supuestos, tratando de lograr objetividad.
   d) Distinguir los diferentes aspectos del comportamiento de la persona, analizando cada conducta por separado ya que es difícil evaluar un todo.
   e) Eliminar o reducir la proyección, ver las cosas objetivamente, no tratar de comprenderla o compararla con el evaluador.

1.2.2.8 Autoestima

Una parte muy importante en el desarrollo pleno del individuo se refiere a la relación que cada uno tiene consigo mismo, es común que las personas vivan con ellas mismas como si fueran extraños, no tienen idea de que quieren, a donde se dirigen, quienes son, desafortunadamente el hombre se ha enfocado a estudiar demasiados aspectos en forma científica, pero ha perdido de vista el estudio de sí mismo. Para estudiar la autoestima, es necesario analizar algunos aspectos directamente relacionados con ella, empezando por el autoconocimiento, que se define como el conocimiento de uno mismo, esto se logra haciendo un análisis profundo y objetivo de lo que se es, lo que se desea, lo que se tiene, las capacidades y habilidades con que cuenta, que expectativas de desarrollo tiene, que metas a corto o largo plazo debe alcanzar, etc. Sería conveniente que la persona dedicara un tiempo cada mes para realizar este análisis, logrando con esto obtener una satisfacción personal por lo que representa en ese momento.

Este autoconocimiento se va formando de manera casi automática mediante la convivencia con los demás, esto hace que el sujeto vaya acumulando información sobre el mismo y de esta manera forma un autoconcepto, que Kreitner y Kinicki (2009 y 2012), lo definen como el concepto de uno mismo y citan la definición del sociólogo Gecas (1982), quien lo define como " el concepto que el individuo tiene de sí mismo, como una entidad física, social, espiritual o moral ", este concepto se ve afectado por el papel que juega el sujeto en su medio ambiente, por su cultura y por las relaciones interpersonales que lleva a cabo, por lo tanto afectará a su actuación futura o en este caso, al desempeño que tendrá dentro de la organización. Si el desempeño social del individuo no es muy exitoso y sus relaciones no funcionan correctamente, este, se sentirá desilusionado y su autoconcepto bajará de nivel.

Así mismo, la forma en que la cultura establece los patrones adecuados de conducta afecta la mismidad del individuo, que se refiere a ser uno mismo, ya que culturalmente se va transformando esa mismidad o autenticidad en una máscara socialmente aceptada, que convierte al sujeto en algo que no es. Estos aspectos, el autoconocimiento, el autoconcepto y la mismidad conducen a una autoevaluación que da como resultado la autoestima del sujeto, que se define según Kreitner y Kinicki (2009 y 2012), como la autoevaluación total de uno mismo, en otros términos, se refiere a la aceptación o amor a uno mismo. Esta autoestima se forma desde que el individuo nace, donde la relación primaria con los padres establecerá que la autoestima sea alto o bajo, posteriormente, la relación del sujeto con otros individuos determinará el nivel de autoestima que este tendrá, lo que convierte a la autoestima en un aspecto que fluctúa.

1.2.3 Factor Social

Dentro de este factor se realizará un análisis de los dos principales aspectos sociales que determinan la conducta la socialización y la cultura, aunque los autores consideran que es el factor social el que mayor influencia tiene en la conducta de los individuos.

1.2.3.1 Socialización

Whittaker (2013), cita a Secord y Backman (1964), quienes definen la socialización como un "proceso de interacción por el que se modifica la conducta de las personas, para conformarla a lo que esperan los miembros del grupo al que pertenecen", en este proceso, según los autores, el niño aprende a comportarse como adulto y el mismo adulto adquiere pautas de comportamiento de diferentes roles, lo que convierte a la socialización en un proceso continuo.

Phillips (1986), cita a Mead (1962), quien trabajó sobre la socialización continua y señala, que la socialización continúa después de la infancia, fortaleciendo la personalidad del individuo y profundizando la raíz cultural, por ejemplo, se ve en el cambio drástico que se da de la escuela a la vida laboral, de soltero a casado y a ser padre. Debido a esta continuidad en el proceso, se presentan diferentes agentes socializantes, que son los encargados de que sé de la adopción de las formas de conducta, entre los principales agentes están la familia, la escuela, los amigos, el trabajo, los grupos sociales como clubes, la iglesia, la política, la publicidad, etc.

Socialmente, en casos especiales, se presenta la resocialización del individuo, mediante este proceso, se rechazan aspectos de su cultura y se adoptan aspectos nuevos, por ejemplo, una persona que pertenece al ejército, se le cambian sus hábitos de vida y sus valores, de tal manera que, al ir a la guerra si mata a una persona, no se considera el mismo como un asesino. Esta resocialización se utiliza en tratamientos psicoterapéuticos, en los cuales se requiere olvidar o modificar aspectos inconvenientes o dañinos, tratando de dar un nuevo giro a la vida del paciente, el cual adquirirá nuevas formas de vida, por ejemplo, con personas psicóticas, que viven en su propio mundo, también con personas alcohólicas o drogadictas, se les eliminaran aquellos aspectos de su vida que les generan el problema. Horton y Hunt (1991), definen la socialización como el "proceso mediante el cual se interiorizan las normas del grupo en el que uno vive, de modo que emerge una personalidad única". Phillips (1986), lo definen también de manera muy similar, para ellos es el "proceso mediante el cual el individuo desarrolla la estructura de su personalidad y se transmite la cultura de una generación a otra".

Respecto a este proceso, Dawson (1969 y 1975), citado por Whittaker (2013), lo clasifica como un proceso biosocial, que indica que la conducta está influida por el factor biológico y el sociocultural donde se desenvuelve la persona, incluyendo las conductas de supervivencia. Whittaker (2013), cita algunos autores que han realizado investigaciones sobre cómo se presenta de diferente forma el proceso de socialización en diferentes culturas, Barry, Child y Bacon (1959), demostraron la existencia de una relación entre el tipo de economía de subsistencia y el surgimiento de presiones hacia la socialización adaptativa, que desarrolla las actitudes y habilidades de supervivencia, las cuales son diferentes; como en la economía nómada, en la cual, los adultos debieron ser seguros y emprendedores y en la economía basada en la agricultura, los adultos debieron ser, concienzudos, dóciles y conservadores.

1.2.3.2 Cultura

Whittaker (2013), afirma que la sociedad está compuesta por dos sistemas, el social y el cultural, que se funden en el sistema sociocultural, a través del cual, el individuo adquiere los patrones de conducta aceptados, la simbología utilizada en su grupo y sus significados, así como los códigos de regulación de la conducta como son las leyes, reglas, normas, igualmente proporciona las creencias y valores en los cuales basará la persona su conducta, el autor, cita a Harrington y Whiting (1972), quienes analizaron la relación de la socialización y cultura en los " procesos de socialización y personalidad ", y a Munroe y otros (1975), quienes desarrollaron un análisis del humano desde el punto de vista transcultural, estudiaron los efectos de la socialización en diferentes culturas, encontrando que influye en el crecimiento físico, en la coordinación motora, el afecto, el lenguaje, la percepción, la dependencia, la agresión, la cognición, la sexualidad y en los motivos sociales.

Phillips (1986), establecen que la cultura tiene bases biológicas y resaltan que la adaptación biológica del individuo y sus cambios genéticos, tienden a favorecer la adaptación biológica del ser humano, debido a que mejora su capacidad de adaptación al medio o para modificarlo. Por lo tanto, los seres vivos de hoy son producto de varias mutaciones favorables a la capacidad de adaptación, como sería el caminar completamente recto. Para Kottak (2011), la cultura es la causante de la adaptabilidad y del éxito del ser humano, mediante esta cultura, se adoptan todas las tradiciones o formas de vida del grupo al que se pertenece y de alguna manera, la cultura se utiliza como un mecanismo de control, mediante la absorción de símbolos, reglas, valores, etc., como el caso de las culturas donde se da un entrenamiento a los integrantes del grupo para que resistan el dolor intenso, mediante el control mental como una demostración de valor y aceptación social.

Ejercicios del Capítulo 1

I. Número de práctica: 1
II. Nombre: Cuadro comparativo entre conceptos de varios autores.

III. Competencia(s) a desarrollar:
- ✓ Capacidad de organizar y planificar.
- ✓ Habilidad de buscar y analizar información proveniente de fuentes diversas.

IV. Introducción:
El alumno realizará un análisis amplio de los conceptos de sociología, identificando los elementos que contienen. Con la información teórica se realizará un cuadro comparativo que le permitirá visualizar gráficamente las similitudes y/o diferencias en los diferentes conceptos.

V. Medidas de seguridad e higiene:
1. Se requiere de mobiliario escolar, dónde el alumno pueda trabajar de manera individual, en una forma segura y cómoda.
2. Se requiere de espacio suficiente en el aula, para poder movilizar el mobiliario y trabajar en equipos.

VI. Material y equipo necesario:
Información teórica, hojas tamaño carta, lápiz, pluma, regla, colores (opcionales)

VII. Metodología:
- ✓ Previo al ejercicio, el docente se asegurará de que el alumno conozca ampliamente la información teórica respecto a los conceptos de sociología.
- ✓ El cuadro comparativo es una forma de organizar gráficamente la información en cuestión, resaltando las semejanzas o diferencias entre los aspectos contenidos.
- ✓ Generalmente se presenta en forma de tabla, donde cada columna contiene los elementos teóricos necesarios o requeridos.
- ✓ Tiempo 50 minutos.

VIII. Pasos a seguir:
1. Determinar la información teórica a utilizar.
2. Explicar a los alumnos que el objetivo del ejercicio es reforzar el conocimiento teórico.
3. Determinar los aspectos, características o puntos a comparar.
4. Elaborar una Tabla de contenido señalando los elementos principales que resaltan en cada concepto.
5. Vaciar de manera personal, los datos correspondientes a cada concepto.
6. Comparar la información con sus compañeros de grupo, trabajando en equipos de 4 o 5 personas.
7. Tiempo de duración de 50 a 60 minutos.
8. Conclusión, comentar voluntariamente el sentimiento personal que generó el ejercicio práctico.

Ejemplo:

Autor	Concepto	perspectiva	Principales elementos

IX. Sugerencias didácticas:

- ✓ Propiciar actividades de búsqueda, selección y análisis de información en distintas fuentes.
- ✓ Propiciar, en el estudiante, el desarrollo de actividades intelectuales de inducción-deducción y análisis-síntesis, las cuales lo encaminan hacia la investigación, la aplicación de conocimientos y la solución de problemas.
- ✓ Propiciar el uso adecuado de conceptos y de terminología de las áreas del desarrollo humano.

X. Reporte del alumno (discusión de resultados y conclusiones):

XI. Bibliografía (emplear formato APA)

Educa y crea, 2012, Cuadro comparativo, definición y ejemplos, EDUCAYCREA.com, México.   http://www.educaycrea.com/2012/12/cuadro-comparativo/

Utel University, 2016, Cuadro comparativo, Utel University en asociación con PEARSON, México.
http://gc.initelabs.com/recursos/files/r162r/w18141w/cuadro_comparativo.pdf

| I. Número de práctica: 2 |
| II. Nombre: Investigación teórica del desarrollo histórico de la sociología: Cuadro Informativo |

III. Competencia(s) a desarrollar:
- ✓ Capacidad de organizar y planificar.
- ✓ Habilidad de buscar y analizar información proveniente de fuentes diversas.

IV. Introducción:

El alumno trabajará en una búsqueda de información para conocer las etapas que conforman el desarrollo histórico de la sociología, analizando la importancia de cada una de ellas, e identificando los principales teóricos y sus aportes.

Ayala (2020), expone textualmente que "la investigación teórica es la realizada con el objetivo de recolectar información sobre cualquier tema, y acrecentar nuestra comprensión de este. El conocimiento así recolectado no se usa para algo en concreto, pues lo importante de este tipo de investigación es, precisamente, expandir el conocimiento".

V. Medidas de seguridad e higiene:
1. Se requiere de mobiliario escolar, dónde el alumno pueda trabajar de manera individual, en una forma segura y cómoda.
2. Se requiere de espacio suficiente en el aula, para poder movilizar el mobiliario y trabajar en equipos.

VI. Material y equipo necesario:

Información teórica, hojas tamaño carta, lápiz, pluma, regla, colores (opcionales)

VII. Metodología:
- ✓ Previo al ejercicio, el docente se asegurará de que el alumno conozca ampliamente la información teórica respecto a las etapas del desarrollo histórico de la sociología, sus autores y aportaciones.
- ✓ El cuadro informativo, es un resumen gráfico en forma de tabla sobre las características y datos más importantes y destacados sobre un tema específico. Permite visualizar y analizar los datos, sus semejanzas y/o diferencias, de manera organizada y gráfica.
- ✓ Este cuadro puede mostrar únicamente los datos requeridos o puede hacer una comparación entre ellos.
- ✓ Tiempo de duración de 50 a 60 minutos.

VIII. Pasos a seguir:
1. Determinar la información teórica a utilizar.
2. Elaborar una Tabla de contenido con los datos de cada una de las etapas del desarrollo histórico de la sociología.
3. Vaciar de manera personal, los datos correspondientes a cada etapa, autor y sus principales aportaciones.
4. Comparar la información con sus compañeros de grupo, trabajando en equipos de 4 o 5 personas.

5. Conclusión, comentar voluntariamente el sentimiento personal que generó el ejercicio práctico.

Ejemplo:

ETAPA	AUTOR	FECHA	PERSPECTIVA TEÓRICA	PRINCIPALES APORTACIONES

IX. Sugerencias didácticas:
- ✓ Propiciar actividades de búsqueda, selección y análisis de información en distintas fuentes.
- ✓ Propiciar, en el estudiante, el desarrollo de actividades intelectuales de inducción-deducción y análisis-síntesis, las cuales lo encaminan hacia la investigación, la aplicación de conocimientos y la solución de problemas.
- ✓ Propiciar el uso adecuado de conceptos y de terminología de las áreas del desarrollo humano.

X. Reporte del alumno (discusión de resultados y conclusiones).

XI. Bibliografía (emplear formato APA)

Ayala M., 2020, Investigación teórica: características, metodología y ejemplos, Lifeder, España. https://www.lifeder.com/investigacion-teorica/

Fingermann H., 2010, Los cuadros comparativos, Educación La guía 2000, Argentina.

http://educacion.laguia2000.com/estrategias-didacticas/los-cuadros-comparativos

I. Número de práctica: 3
II. Nombre: Mapa Conceptual de los factores biopsicosociales

III. Competencia(s) a desarrollar:
- ✓ Capacidad de organizar y planificar.
- ✓ Habilidad de buscar y analizar información proveniente de fuentes diversas.
- ✓ Capacidad de análisis y síntesis
- ✓ Aplicar los conocimientos en la práctica.
- ✓ • Habilidades de investigación
- ✓ • Capacidad de aprender
- ✓ • Capacidad de generar nuevas ideas.
- ✓ • Trabajar en forma autónoma

IV. Introducción:
Los Mapas conceptuales se utilizan como herramientas didácticas, con el fin de reforzar los conocimientos teóricos, ya que, mediante gráficos, se organizan y representan los conceptos. (Cañas y Novak, 2014)
Deben guiarse por las palabras o preguntas de enlace, que determinan la relación entre los conceptos.

V. Medidas de seguridad e higiene:
1. Se requiere de mobiliario escolar, dónde el alumno pueda trabajar de manera individual, en una forma segura y cómoda.

VI. Material y equipo necesario:
Papelería (Cartulina, hoja de rotafolio, hojas maquina), colores, regla, foami, revistas, tijeras, pegamento, etc. Según tenga considerado el alumno representar su mapa

VII. Metodología:
- ✓ Es una forma personal de representar el conocimiento. Parte de un Concepto, elementos o factores a presentar.
- ✓ Se debe tener cuidado en que los conceptos entrelazados formen una unidad de significado, mediante una afirmación. Son proposiciones sobre un tema.
- ✓ Es conveniente enfatizar la importancia de los conceptos, quedando arriba o al centro los más importantes.
- ✓ El mapa puede partir de una Pregunta de enfoque, la cual guiará el tema a tratar o explicar con el mapa.
- ✓ Uno o varios conceptos se pueden entrelazar con otros conceptos.
- ✓ Los conceptos se relacionan con líneas o flechas.
- ✓ Tiempo 50 minutos.

Pasos a seguir:
1. Lectura previa del material teórico. Identificación de ideas y conceptos principales y secundarios de cada factor biopsicosocial.
2. Identificación de los enlaces entre los conceptos. Relación directa o cruzada.
3. Jerarquizar la importancia de los conceptos, quedando al mismo nivel los de igual importancia.

4. Planear el bosquejo del mapa.
5. Plasmar en el mapa los conceptos y sus líneas de relación tanto directa como cruzada.
6. La representación del mapa es mediante NODOS (circulo, cuadro, rectángulo, etc.), estos contienen el concepto, el cual se une a otros conceptos, mediante las LINEAS DE UNION, que pueden ir acompañadas de palabras enlace como "de", "donde", "el", "para", "entonces", "con", etc.
7. Incluir imágenes que se relacionen (Opcional).
8. Explicar mediante exposición el Mapa Conceptual ante el grupo.
9. Conclusión, de manera voluntaria los alumnos expresarán su sentimiento ante el ejercicio práctico.

Ejemplos:

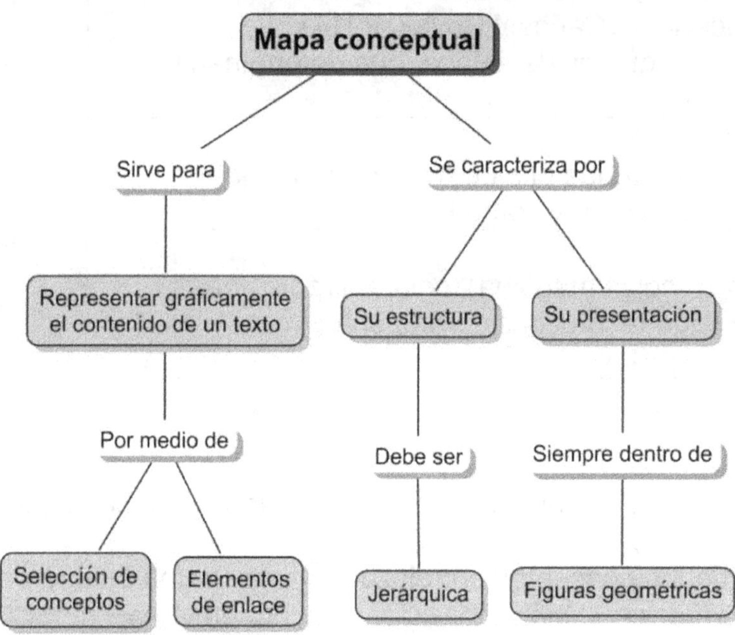

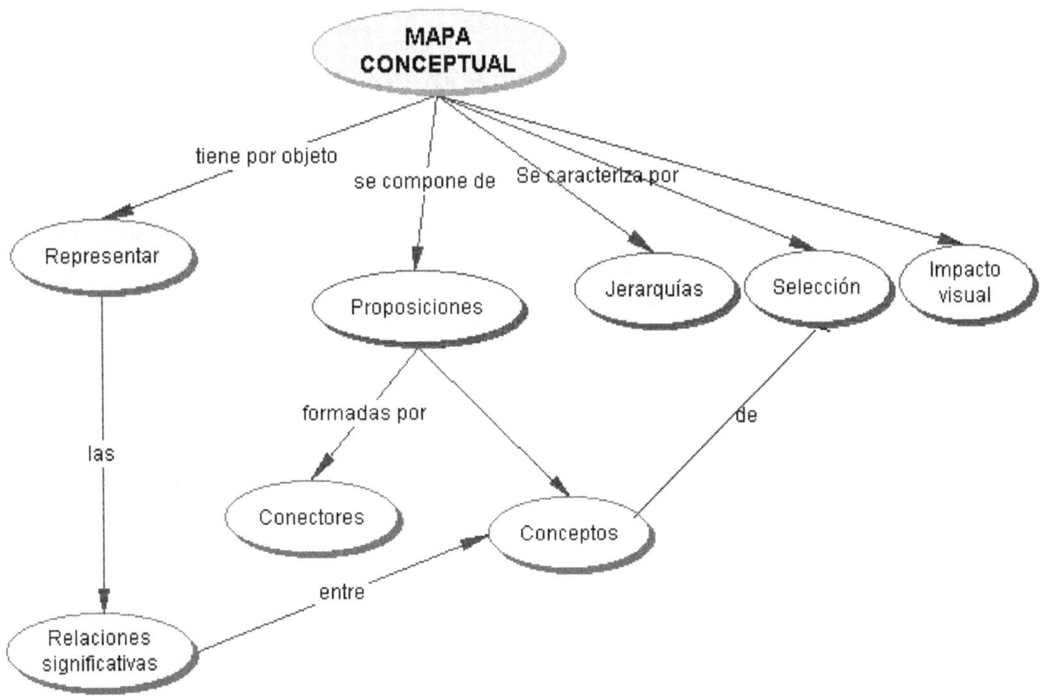

IX. Sugerencias didácticas:

- ✓ Propiciar actividades de búsqueda, selección y análisis de información en distintas fuentes.
- ✓ Propiciar, en el estudiante, el desarrollo de actividades intelectuales de inducción-deducción y análisis-síntesis, las cuales lo encaminan hacia la investigación, la aplicación de conocimientos y la solución de problemas.
- ✓ Propiciar el uso adecuado de conceptos y de terminología de las áreas del desarrollo humano.

X. Reporte del alumno (discusión de resultados y conclusiones):

XI. Bibliografía (emplear formato APA)

Cañas A., Novak J., 2014, ¿Qué es un Mapa Conceptual?, Cmap, Estados Unidos

http://www.cmappers.net/docs/mapaconceptual.php

Cortese A., 2016, Como realizar un Mapa conceptual, Técnicas de estudio.org, Argentina.

http://www.tecnicas-de-estudio.org/aprendizaje/como_realizar_un_mapa_conceptual.htm

Facultad de Medicina, 2016, Mapas conceptuales, Universidad Nacional Autónoma de México, México.

http://www.facmed.unam.mx/emc/computo/mapas/mapaconceptual.htm

CAPITULO 2 ESTRUCTURA SOCIAL

Para comprender la Estructura social, es necesario desglosar sus elementos y visualizar las diferentes concepciones teóricas. Para la Enciclopedia Cubana (2020), "la sociedad humana se formó con la propia aparición del hombre. En la prehistoria la sociedad estaba organizada jerárquicamente, donde un jefe siempre era el más fuerte, el sabio del grupo, y por ello ocupaba el poder". Es importante entender y analizar la forma de organización social, ya que cada sociedad desarrolla sus propias características. Torres (2010), cita a Harrys (1979), quién considera que la Sociedad es "una población que tiene una forma organizada de vida". La Real academia española (2020), define la sociedad como el "conjunto de personas, pueblos o naciones que conviven bajo normas comunes. Viven marginados de la sociedad". La sociedad es una agrupación espontanea o planeada de individuos, que se organizan para su supervivencia y cooperan en la consecución de objetivos comunes. Scafati (2020), define la sociedad como una agrupación de personas que se parecen entre sí, ya que tienen una misma forma de vida, orientando sus metas hacia la subsistencia económica y el desarrollo social.

Marcial (2012), comenta que Brown teórico que trabajo a principios del siglo XX, baso sus ideas en el trabajo de Durkheim, Herbert Spencer y Tylor, quienes veían la sociedad como un organismo viviente, la autora cita textualmente que "sólo tomando en cuenta la historia de cada pueblo o nación podría entenderse en su totalidad el sistema social (estructura) sobre el que se erigen y ordenan las funciones y relaciones en su interior: El único modo posible de responder a la pregunta de ¿por qué una sociedad particular tiene el sistema social que tiene?, es mediante un estudio detallado de su historia que cubra un periodo suficiente, por lo general de varios siglos". La autora argumenta que cuando Brown define estructura lo hace como "algún tipo de disposición ordenada de partes o componentes… los componentes o unidades de la estructura social son personas y una persona es un ser humano considerado no como un organismo, sino como un individuo que ocupa una posición en la organización social"; en su funcionamiento la estructura debe entrelazar sus partes formando una estructura, dándole un orden a las cosas y estableciendo mecanismos de control. Cada integrante del sistema está influenciado por las demás partes.

Para Uriarte (2019), la formación de la sociedad requiere un conjunto de personas que comparten un territorio y características similares en creencias, formas de vida, un pasado histórico, procesos económicos, y una cultura. Existen diferentes tipos de sociedades, que cambian según su evolución histórica, se encuentran las sociedades antiguas que existieron varios años atrás, en forma de sociedades simples o primitivas, con el paso del tiempo estas se volvieron sociedades complejas en estructura, gobierno, economía y alta especialización en el desarrollo de las tareas productivas y sociales, entre ellas están la sociedad industrial que se encarga de desarrollar objetos tecnológicos. "Todas las sociedades requieren de normas para su funcionamiento: leyes y códigos sociales que regulan los diversos aspectos de la vida".

Estas normas se trasmiten de un individuo a otro y de generación en generación, de igual forma los grupos pequeños pueden establecer sus propias reglas. Las sociedades presentan un mayor o menor grado de estratificación. Por ejemplo, "en la sociedad de la India existen castas sociales muy alejadas entre sí, con escasa permeabilidad entre una y otra, mientras que en las sociedades capitalistas occidentales existen clases sociales que se distinguen entre sí por su riqueza y bienes materiales". Las sociedades comparten un territorio geográfico, un modelo político, existen relaciones de diversos indoles entre sus habitantes, comparten ideologías, tienen una identidad como grupo, desarrollan una cultura, proponen formas de producción y de autosuficiencia, también cuentan con una estructura de creencia espiritual.

2.1 Estructura social

En cuanto a la definición de estructura social Pérez-Porto y Gardey (2018) consideran que una estructura es una formación ya sea de manera concreta o figurada, en la cual se acomodan diversos elementos, mientras en el ámbito social está vinculado a las personas que conviven en un espacio geográfico, con reglas, normas, formas de vida, compartiendo ideas, formas de comunicación y creando una cultura común. Por lo que la estructura social es "la forma adoptada por el sistema que se crea a partir de las relaciones que mantienen los integrantes de una sociedad. Dichas relaciones sistemáticas propician el desarrollo de una cierta estructura social". La manera en que funciona la estructura social refleja la forma de vida social en la comunidad, creando procesos permanentes en el tiempo.

Para la Atlantic International University (AIU), (2019), una estructura pone en orden las partes de un todo, pudiendo ser conceptos, ideas o procesos que convergen entre sí, "la estructura social es el concepto que describe la forma que adopta el sistema global de las relaciones entre individuos, para explicar las relaciones sistemáticas que vinculan a miembros de una determinada comunidad, aunque no se encuentren en ningún momento en contacto directo". Torres (2010), considera que la estructura social es un concepto abstracto en sociología, cita a Brown (1952), quien expone el concepto de estructura social como una serie de relaciones humanas en un tiempo y espacio, compartiendo normas y reglas. El autor expone textualmente que "la estructura social es la disposición interna que organiza las relaciones y los elementos (individuos, grupos, instituciones, valores) del sistema social y que conforma las características definitorias de éste y los campos estructurales interdependientes: demográfico, económico, político y cultural".

Santiago (2015), coincide con Torres en que el concepto de estructura social es ambiguo, su uso ha sido manejado a antojo de los diferentes autores, sin definir exactamente que implica, el autor plantea textualmente varias interrogantes en torno al tema,

> ¿Qué es la estructura social? ¿Cómo y hasta qué punto constriñe a los individuos? ¿Realmente existe la estructura social en nuestras sociedades de modernidad avanzada? ¿Debemos seguir movilizando este concepto como parte de nuestro instrumental analítico? ¿Y si no fuese una más de esas categorías zombis (Beck y Beck-Gernsheim (2003), con las que los sociólogos nos empeñamos con terquedad en dar cuenta de un mundo que ha dejado de ser el nuestro?, lo que lleva a considerar ¿qué y cómo es la estructura social actual?

El autor cita algunos conceptos entre ellos el de Abercrombie, Hill y Turner (1986), quienes mencionan que "la estructura social se refiere a las relaciones duraderas, ordenadas y tipificadas entre los elementos de la sociedad" y el de Boudon (1973), que considera que "estructura quiere decir sistema, coherencia, totalidad, dependencia de las partes respecto al todo, sistema de relaciones, totalidad no reducible a la suma de sus partes, etcétera". Santiago expone que la "estructura social remite a una cultura compartida, a unos valores y normas que gracias a las instituciones de socialización conforman la personalidad de los individuos a través del desempeño de los roles". En dicha estructura se presentan relaciones entre los individuos que le dan sostenimiento a la sociedad, asumiendo que son patrones de interacción relativamente estables, como el matrimonio, las instituciones, las organizaciones, así mismo se dan diferentes posiciones jerárquicas que determinan un estatus que incluye un lugar con privilegios, beneficios, obligaciones y un rol que desempeñar, como sería el ser padre, presidente, docente, etc.

Scafati (2020), menciona que:

> toda sociedad tiene una organización. Hay una estructura social en la que se generan las reglas (normativas) y los comportamientos (individualismo, solidaridad). Esa estructura social presenta hoy, más que una división en clases, una división por estatus. Nuestra sociedad, además de satisfacer las necesidades básicas, "necesita" satisfacer deseos de confort y de prestigio (estatus).

Uriarte (2019), considera que la estructura social es la forma en que la sociedad funciona organizando sus diversas partes, la autora cita textualmente que:

> allí tienen lugar los estratos sociales o grupos poblacionales, las diversas instituciones sociales (públicas o privadas), los cuerpos de leyes, los organismos de socialización, represión y legislación (como los tribunales, las cárceles, los cuerpos de seguridad, los militares, las universidades y escuelas, etc.). Cada estrato y cada institución, conforme al modelo de sociedad adoptado, tendrá una serie específica de funciones que cumplir.

2.1.1 Estatus social, concepto y sus determinantes

Mola y cols., (2018), exponen que las jerarquías o estratos sociales han existido durante toda la historia de la humanidad, posiblemente han evolucionado para lograr la subsistencia de la especie humana. Si bien cada grupo establece sus propias formas de jerarquía, existen similitudes entre los diferentes grupos, por ejemplo "se caracterizan por constituirse rápida y espontáneamente y tienen un valor funcional y adaptativo para la existencia de los grupos". Desde el punto de vista de la psicología social las jerarquías sociales que se conocen como estatus social se entienden como el honor o prestigio que tienen los individuos, lo cual les proporciona beneficios y obligaciones y determina su relación con los demás. El estatus puede tener niveles, puede ser alto, medio o bajo, según los indicadores de cada grupo social. Los autores citan a varios autores, entre ellos están Magee y Galinsky (2008) conceptualizan al estatus social "como el grado en que un individuo es respetado, admirado y apreciado por los otros", de igual forma Hu, Cao, Blue y Zhou (2014) consideran que el estatus social se "refiere a la posición relativa de un individuo en una jerarquía determinada a partir de su riqueza, capacidad, educación, y/o profesión.

Para Westreicher (2020), el estatus social es el lugar que ocupa un individuo o grupo en su comunidad, "es el reconocimiento hacia una persona y en base a lo cual se le asigna un lugar en la sociedad". Cada sociedad establece su propia jerarquía de estatus y los criterios que determinan su nivel. Según Góngora (2012), el estatus social "es un constructo social que pretende dar honor a una persona o grupo social por encima de otros, con base en criterios de honor socio-económicos determinados" Similar en concepto es lo que expone Trujillo (2004), quién considera que es estatus social es la valoración que los integrantes de una comunidad le dan al lugar que ocupa una persona, de acuerdo con la posición le corresponde desempeñar un rol que supone conducirse y comportarse según las reglas sociales, lo que en teoría facilitaría las relaciones entre los habitantes de la comunidad, la que deberá ser coherente en estatus y rol. El autor considera que el estatus de un individuo es valorado en el grupo según su desempeño en las tareas asignadas y la forma en que se comprometen con ellas, de igual forma es mayor el estatus en los individuos, según su grado de influencia en la toma de decisiones y la aceptación que tenga entre sus compañeros.

Para Núñez (2020), el estatus social es el lugar que cada persona, grupo u organización ocupan dentro de la sociedad, se jerarquiza según el prestigio, beneficios y obligaciones, el estatus social es algo que no tiene reglas o fundamento legal, es subjetivo y cada grupo lo maneja según sus formas de vida social. El ser humano es gregario por naturaleza y a través de la historia han existido diversas formas de jerarquizar, como la fuerza corporal, el color de piel, el lugar de origen entre otros. En cada sociedad se han considerado ciertas condiciones relacionadas con las personas con mayor aprecio o valía social, dando lugar a diferentes niveles de estatus, lo cual puede dar beneficios como mejor calidad de vida, más oportunidades, mejor posición económica,

Según Núñez (2020), existen algunas características del estatus social:
- a) El estatus es determinado por el grado de cultura de la sociedad, la cual establece su propia valoración de estatus.
- b) Cada nivel de estatus tiene sus privilegios y obligaciones.
- c) A cada persona o grupo le corresponde un rol determinado por su estatus.
- d) En función del estatus la sociedad es niveles.
- e) Existen estatus que se obtienen por la familia y otros se alcanzan mediante el esfuerzo y desempeño personal.

Los sociólogos han considerado la existencia de dos diferentes tipos de estatus social, entre ellos se encuentra el estatus adscrito o asignado, que para Núñez (2020), es el estatus que le corresponde a una persona desde su nacimiento, está determinado por la familia, en una sociedad patriarcal es el padre quién determina esta posición, de igual forma la raza, el sexo genérico, la nacionalidad establecen un estatus. de esta manera si la familia cuenta con un estatus alto, sus integrantes también lo tendrán, por el contrario, si el estatus es bajo, también será de esa forma. El estatus adquirido "proviene del esfuerzo, del mérito propio y las decisiones en la vida que han llevado a la persona a esa clasificación. No proviene del nacimiento y es asignado por la sociedad que se encarga de otorgar una valoración al individuo". Este estatus es el que cada persona forja con su desempeño, ya sea positivo o negativo.

Padilla (2004) menciona que los seres humanos sostienen entre sí relación con sus contemporáneos, ya sea de forma personal, grupal o institucional en este proceso desempeñan funciones que les brindan una posición o reconocimiento social. El estatus social determina el nivel o lugar que un individuo o grupo ocupa en la sociedad, teniendo por ello una expectativa de conducta. Este nivel o grado de estatus social está determinado por la cultura que el individuo tiene, su nivel académico, su posición económica, obteniendo con ellos prestigio, dignidad y reconocimiento social. Para algunas sociedades el comportamiento esperado por las personas que tienen un prestigio y estatus alto, se vuelve una exigencia, de tal forma que, si no cumplen las expectativas de la gente, o en algunos casos, llega a hacer todo lo contrario a las conductas esperadas, surge de la decepción y repudio social.

Durante el desarrollo histórico de la humanidad, las sociedades se han estratificado o separado en grupos que representan diferente nivel de aceptación y reconocimiento social, la autora considera tres tipos o modelos de estratificación:

a) Las castas que es una forma cerrada, se pertenece a él por nacimiento, es herencia familiar, entre sus integrantes comparten rasgos fenotípicos, religiosos, culturales o históricos, esta categoría se da por el linaje o pureza racial, la persona va a contar con él durante toda su vida con deberes y obligaciones derivados de ello.

b) Los estamentos se consideraban en los tiempos de feudalismo, son muy cerrados y no permitían movilidad ente un estrato y otro, se determinaban en función del tamaño y valor del territorio que se poseía, en ellos existen estratos sociales claramente definidos por la ley y las costumbres. Los tres estamentos eran la Nobleza (reyes, condes, duques y caballeros), el clero (Alto Clero, al que pertenecían Papas, Cardenales, Obispos y Abades. El segundo era el Bajo Clero, donde estaban los párrocos y los monjes). y el pueblo llano (miembros en estado de servidumbre hereditaria y permanente estaba compuesto por campesinos, burgueses, artesanos y villanos).

c) La Clases Sociales, esta forma es actual, principalmente se jerarquiza la población en función del ingreso económico derivado de la producción. La pertenencia a una clase social puede variar y sufrir movilidad. Los organismos internacionales han luchado por alcanzar la igualdad de las personas en el mundo.

Mola y cols., (2018) exponen que algunos investigadores señalan que el estatus social está determinado por varios factores como los atributos físicos, el ingreso, la ocupación o el prestigio, así como sus capacidades o habilidades como persona. Para Westreicher (2020), se da en base a diferentes variables como el nivel de ingresos, la actividad económica que desarrolla, la reputación, la etnia, entre otros. Es decir, el estatus social se asocia a diversas características del individuo, tanto económicas (poder adquisitivo) como sociales (color de piel, familia a la que pertenece, etc.). Así, a mayor estatus, más posible es el acceso a privilegios, como educación de mayor calidad o la ocupación de un puesto de poder. Cabe señalar que, aunque un individuo nazca con determinadas condiciones esto no determina el estatus social que pueda alcanzar.

La discriminación es el rechazo social hacia ciertas personas o grupos, se considera una conducta inadecuada e impropia que se presenta en diversos ámbitos de la interacción social. Núñez (2020), considera que "cada grupo social posee sus códigos, costumbres, actitudes, además de los signos materiales distintivos inherentes a su posición social y quienes no cumplan con ciertas pautas o no pertenezcan a una clase social determinada, raza o religión usualmente es rechazado". Algunas formas de discriminación son debido a la nacionalidad de las personas, como es el caso de rechazo hacia los migrantes que en ocasiones reciben malos tratos físicos o psicológicos por no pertenecer al país donde se encuentran. La discriminación por pertenecer a una clase social es tristemente muy practicada en el mundo, esto es debido a la posición económica, aquí surge el termino aporofobia (fobia a los pobres). De igual forma se da el rechazo o discriminación debido al sexo genérico de las personas o a su preferencia sexual, se observa especialmente contra las mujeres y las personas pertenecientes a la comunidad LGBT (Lesbianas, gays, bisexuales y transgénero). Las personas de la tercera edad empiezan a sufrir discriminación debido a su edad.

2.1.2 Rol social, concepto y tipos de rol.

Barra (1998), expone las ideas de los teóricos que trabajan sobre la perspectiva de rol, quienes consideran que para desempeñar el rol un individuo está influenciado por la interacción con los demás individuos en su grupo social y por sus circunstancias en el contexto inmediato. Dicha interacción contribuye a la "construcción del sí-mismo social el cual surge del reconocimiento que el individuo recibe de otras personas, y como las distintas personas reaccionan de manera distinta frente a un mismo individuo, se puede decir que el individuo tiene tantos sí-mismos sociales como grupos de personas distintas cuyas opiniones toma en cuenta". Cada persona formará un concepto de sí mismo basado en lo que considera que los demás lo perciben, lo juzgan y aceptan dentro del grupo. El principal grupo con el cual las personas inician contacto social es la familia, cuya forma de trato hacia los menores será determinante en el autoconcepto y desempeño del rol social.

Pérez-Porto y Gardey (2016), en sus aportaciones teóricas comentan que:
> el término francés rôle llegó al inglés como role y luego derivó, en nuestra lengua, en rol. Se trata de la función o el papel que desempeña alguien en un cierto contexto. Social, por su parte, es aquello que está vinculado a la sociedad (la comunidad de individuos que comparten una cultura y que interactúan entre sí). Puede decirse que el rol social es aquello que debe representar un individuo en su comunidad. El rol social es una imposición de la sociedad al sujeto. El entorno exige a la persona que cumpla con su rol social: es decir, que brinde las respuestas esperadas de acuerdo con su condición (profesional, económica, cultural, etc.).

Rodríguez (2020), argumenta que el concepto de rol social fue propuesto por Talcott Parsons sociólogo estadounidense de principios del siglo XX, quien trabajo en la teoría de sistemas sociales. "Sus descubrimientos nos ayudaron a entender mejor el papel que cumplen las expectativas de la sociedad y las personas de nuestro alrededor en nuestro comportamiento". Para Parsons es importante analizar el entorno social donde las personas se desenvuelven, para comprender como entrelazadas a sus características biológicas y psicológicas dan lugar a su personalidad y forma de comportarse. Desde esta perspectiva, el rol social que una persona desempeñará estará en función de la cultura y formas de comportamiento de su contexto social, su género, edad, estatus y sus propios intereses. De igual forma, para Rodríguez (2020), el rol social es un concepto propuesto por la sociología y la psicología y "se refiere a todos aquellos comportamientos, actitudes y maneras de pensar que se espera que adopte una persona en base a la situación en la que se encuentra y sus características personales". Por ejemplo, diferentes profesiones u ocupaciones de un grupo de personas generan roles sociales distintos.

En el ámbito social, a cada estatus le corresponde un rol social que le indica a las personas, según la forma de desarrollo de cada grupo, los comportamientos que le son permitidos y aprobados. Trujillo (2004) expone que "un rol social es un conjunto de derechos, obligaciones y normas de conducta aprobadas para los individuos que están en una posición o estatus social". El autor cita a Brown (1931), quien consideró que la:
> diferenciación y asignación de roles es algo fundamental en los grupos pues implica una división de las tareas entre los miembros, lo cual facilita la consecución de metas y objetivos; contribuye a ordenar la propia existencia del grupo al estar unidos al sistema de normas; y en última instancia, forman parte de la autodefinición de los individuos en el grupo. Los distintos roles se adquieren por aprendizaje social, en este sentido son expectativas aprendidas que además suelen ser reciprocas dado que a medida que nos familiarizamos con nuestros roles, también lo hacemos con los de los demás.

Para Padilla (2004), los roles sociales son las acciones inherentes a la posición en la que se encuentre un individuo a lo largo de su vida, mediante las cuales desempeña una función social específica, según las normas de su comunidad. En cada etapa de la vida las personas van a desarrollar y llevar a cabo diferentes roles, por ejemplo, pueden ser hijos, padres, trabajadores, deportistas, todo ello en un mismo espacio de tiempo, conforme se avanza en edad esos roles van cambiando y requiriendo algunos de ellos mayor esfuerzo en su desempeño que otros. Existe una diferenciación social que hace que los integrantes de una sociedad representen y desempeñen varios roles, algunos de ellos estarán determinados por su posición en la sociedad en función de la riqueza, la autoridad, el poder, su ocupación, ideología, función que desempeña en la familia, modos de producción, estructura de gobierno, entre otros. Cada grupo social establece sus normas validas en el desempeño de los roles sociales, de tal forma que un mismo rol se puede desempeñar de diferentes maneras, según las formas aprobadas en cada contexto. Por ejemplo, ser mamá no es igual en una comunidad pequeña que en una ciudad grande, donde quizá se requiera de apoyos como guarderías para lograr el cuidado de los hijos pequeños.

Eagly, Wood y Johannesen-Schmidt, (2004), las autoras exponen que de acuerdo a la teoría del rol social, existen diferencias y semejanzas en la forma de desempeñar los roles entre las mujeres y los hombres, según lo expuesto en la teoría, hay varios aspectos que influyen en estos comportamientos, entre ellos están la distribución de hombres y mujeres en determinados roles sociales dentro de las sociedades, también las diferencias físicas inherentes al sexo, hacen que algunas funciones se desempeñen de manera más eficiente por un sexo u otro en función de las circunstancias de cada sociedad y de su cultura, de igual forma socialmente existe una división del trabajo, de tal forma que los individuos son capacitados para las actividades típicas de su sexo, por ejemplo:
> en las sociedades industrializadas, los esposos son más propensos que las esposas a ser el principal proveedor y jefe de familia y, en los lugares de trabajo, los hombres son más propensos que las mujeres a ocupar cargos de autoridad. Dadas estas diferencias según el sexo en los roles familiares y ocupacionales típicos, los roles de género incluyen la expectativa de que los hombres poseen cualidades directivas de liderazgo.

Los roles de género establecen los comportamientos aprobados y aceptados por los grupos sociales, en cada cultura varían las formas de comportarse.

El rol social en su forma de actuar se refiere a las formas en que las personas desarrollan su función social acorde a su estatus, según lo expuesto por Menesses (2019), la teoría del rol social contempla la influencia de la cultura del grupo, la posición o función social del individuo y sus características personales como la personalidad, lo que define el rol y su actuación. El autor considera tres tipos de rol:

a) Rol prescrito o rol adscrito es el rol con el que se nace, es decir lo que la sociedad espera en cuanto a comportamientos de la persona. No depende de sus características personales, ni de sus habilidades o cualidades, por ejemplo, un padre o madre se espera que cumplan con la función de cuidar de los hijos, que les den un sostenimiento económico y educación.

b) Rol subjetivo se asigna de acuerdo con los méritos de la persona, se logra por talento, habilidades, voluntad y esfuerzo propio, por ejemplo, ser un destacado científico o deportista, o por el contrario fracasar en los objetivos por falta de esfuerzo.

c) Rol desempeñado se presenta al interactuar con los demás integrantes del grupo social, existe una expectativa de rol, y cada individuo será capaz de desarrollarlo según lo esperado o de diferente manera. El resultado puede ser mejor, igual o peor al comportamiento que se consideró como ideal. Por ejemplo, una persona que vive en un barrio con mala fama, se esperaría que tuviera un comportamiento negativo socialmente, sin embargo, cada individuo puede elegir hacer las cosas mal o hacerlas bien. Tal es el caso del jugador de futbol americano Michael Oher, quién vivía en un ambiente rodeado de drogas, delincuencia y el decidió tener una vida con logros y buen comportamiento.

Para Padilla (2004), en cada sociedad se presentan circunstancias originadas por normas culturales, por cuestiones de tiempo, condición física o alguna otra cuestión, en la que las personas se ven imposibilitadas para desempeñar dos o más de sus roles en un mismo lapso de tiempo, por ejemplo, es común que los estudiantes no tengan oportunidades de trabajo debido a que deben dedicar muchas horas a asistir a clases o a hacer trabajos escolares y no pueden cumplir con una jornada laboral de tiempo completo. Barra (1998), considera que "el conflicto de rol surge debido a que una persona habitualmente desempeña varios roles, o a que un solo rol puede involucrar demandas incompatibles. Existe conflicto inter-rol cuando las expectativas asociadas con diversas posiciones de un individuo son incompatibles entre sí, por ejemplo, un jugador de baloncesto no puede pertenecer a dos equipos de una misma categoría y liga, mientras que existe conflicto intra-rol cuando son incompatibles las expectativas asociadas con una misma posición, por ejemplo, para una mamá es difícil cuidar a sus hijos pequeños y trabajar fuera de casa".

El autor cita a Shaw y Costanzo (1970) quienes argumentan que las causas del conflicto inter-rol o intra-rol, pueden generarse en la persona misma, en sus asociados al trabajo, o alguna otra persona o circunstancia, este conflicto puede ser leva, moderado, severo, temporal, permanente y en algunos casos pueden causar grandes perturbaciones. Todo depende de la incompatibilidad entre los roles y de la exigencia de la sociedad para tolerar el conflicto. En cualquiera de los casos, la misma sociedad establece formas de compensación social para minimizar los conflictos, por ejemplo, en el caso de las mamás que requieren trabajar, se establecen sistemas de guardería que les permiten tener la opción para el cuidado de los hijos. Para un estudiante que quiere trabajar y estudiar la sociedad le ofrece opciones diferentes de estudio, virtual, semi presencial, escolarizado e incluso existen sistemas de becas.

2.1.3 Nuevas estructuras sociales

Pérez-Porto y Gardey (2018) argumentan que para el estudio de la estructura social es importante considerar las formas características de cada comunidad, es decir, saber cómo se organiza, conocer sus necesidades, su potencial, sus capacidades y el entorno que la rodea. Según los autores se pueden considerar cuatro tipos de estructura social, según el aspecto que la domine:

a) Estructura social basada en la economía, es una sociedad capitalista que se dedica a los negocios de manufactura, distribución de mercancía, prestación de servicios, los individuos dedican gran parte de su vida a la obtención de bienes materiales y económicos, como un buen sueldo, una casa con comodidades, autos, ropa, joyería, entre otros aspectos.
b) La familia es una estructura que se centra en la agrupación de personas con lazos sanguíneos y legales que los unen de generación en generación. "En una sociedad de estas características, el estatus no se mide por el dinero ni por la influencia en la industria, sino por cuestiones relacionadas con la moral y la ascendencia".
c) La religión fue durante varios años una estructura rígida y con gran poder e influencia sobre los ciudadanos en el mundo, su base es la creencia teológica y espiritual de las personas. "Dependiendo de cada caso, las creencias pueden apuntar a la existencia de uno o más entidades divinas ante las cuales el ser humano debe subordinarse".
d) La estructura política es un sistema de control y regulación de los grupos sociales, mediante la creación de reglas y leyes que los gobiernos aplican.

Para los autores "la definición del concepto de estructura social ha evolucionado en las últimas décadas, y en la actualidad se prefiere entenderla como una población que se organiza, se desarrolla y vive en un espacio determinado, de una forma determinada, sumida en un sistema particular y muy complejo que permite la interacción de sus integrantes".

Para Castells (s/f), la estructura social "está formada por la interacción entre las relaciones de producción/consumo; las relaciones de experiencia y las relaciones de poder. El significado es constantemente producido y reproducido a través de la interacción simbólica de actores enmarcados por esta estructura social y que están al mismo tiempo actuando para cambiarla o para reproducirla". En cuanto a la producción, el autor se refiere a la transformación de la materia en un producto que pueda ser adquirido con la finalidad de obtener una ganancia, el consumo es adquirir el producto.

"La experiencia es la acción de los humanos sobre sí mismos, determinada por la interacción de sus identidades biológicas y culturales y en relación con sus entornos sociales y naturales. Está construida en torno a la búsqueda interminable de la satisfacción de las necesidades y los deseos humanos". El poder es la acción de someter o actuar sobre otras personas, imponiendo la voluntad propia sobre los demás, puede ser simbólico o real, mediante violencia o fuerza. Las instituciones sociales tienen la función de hacer cumplir las relaciones de poder existentes en cada período histórico, así como las normas y leyes establecidas por el grupo. Para el autor existe otro aspecto que afecta la estructura social, este es la tecnología que la define como el "uso del conocimiento científico para especificar formas de hacer cosas de manera reproducible", La tecnología está representada en las relaciones técnicas que se encuentran socialmente condicionadas, al uso y aplicación que se le dé.

Harumi (2016), comenta que la estructura social es la comunidad que se organiza, utiliza tecnología y se desenvuelve en un lugar determinado, puede considerarse como un sistema que está conformado por aspectos que interactúan entre sí y se complementan en sus necesidades. "Disposición interna que organiza las relaciones y los elementos (individuos, grupos, instituciones, valores) del sistema social y que conforma las características definitorias de estos campos estructurales interdependientes: demográfico, económico, político y cultural". La sociología considera que la estructura social es la relación entre las partes de un sistema de individuos que convergen en una comunidad y colaboran para su subsistencia, aun cuando no interactúan directamente entre ellos. "Por tanto la estructura determina el carácter y sustancia de las actividades sociales humanas, aunque al igual que el derecho, la estructura nace de esas actividades, es un producto de ellas. La estructura representa un concepto general y abstracto de la sociología, ya que puede ser entendido en un contexto cultural, o institucional o en el ámbito de la estratificación social".

Las principales estructuras sociales para la autora son las siguientes:
a) La familia es la estructura social más antigua del mundo, tiene funciones y roles para cada integrante, principalmente se encarga del sostenimiento económico, de la educación religiosa, política, educativa, transmisión de la cultura, regulación de la reproducción y educación sexual.
b) La empresa es una organización de producción con fines de lucro, puede ser de diferentes giros, manufacturera, comercial, de servicios, de educación, del sector salud, existe una relación con sus colaboradores, clientes, gobierno, comunidad entre otros.
c) Los sindicatos tienen el objetivo de vigilar las relaciones laborales de sus agremiados, asegurando condiciones dignas de seguridad e higiene laboral entre los patrones y los trabajadores
d) El gobierno se encarga del control y manejo de los bienes públicos, debe garantizar el desarrollo económico, político y social de los ciudadanos, por medio de las Secretarías de Estado a las que por Ley se les otorgan facultades y un presupuesto anual.
e) La religión es la institución encargada de la regulación de las creencias teológicas, establece normas de comportamiento entre sus feligreses, rituales de adoración, pautas de comportamiento y formas de vida.
f) La educación es lo "que forma al ser social es el conjunto de valores y factores culturales de un grupo integrados por la lengua, la moral, la religión, las costumbres, los hábitos de vida, las tradiciones, la conducta, los conocimientos sistemáticos. La ideología, los valores los hábitos y las creencias se adquieren

por la tradición, se aprenden por la vía social". Esta forma incluye la educación académica.

González-Salamea (s/f), explica que la familia es la principal unidad social que se caracteriza por ser el núcleo, ya que cuenta con vínculos sanguíneos, legales y afectivos, cada integrante de un grupo familiar cuenta con roles y funciones que debe cumplir, así mismo se relacionarán con otros sistemas sociales. El autor cita textualmente que:

la estructura familiar debe ser relativamente fija y estable para poder sustentar a la familia en sus tareas y funciones, protegiéndola de las fuerzas externas y dando un sentido de pertenencia a sus miembros; pero al mismo tiempo debe aceptar un grado de flexibilidad para poder acomodarse a los diversos requerimientos de las situaciones de vida y de las distintas etapas del desarrollo por las que evoluciona la familia, con lo que facilita el desarrollo familiar y los procesos de individuación.

Según lo comentado en su artículo por Corbin (2016), los cambios sociales han efectuado modificaciones en la estructura de las familias, el autor explica que:

la familia es sumamente importante en el desarrollo de los niños, pues es, posiblemente, el agente socializador que más va a influir en su crecimiento. De hecho, los niños necesitan de los adultos durante un largo periodo de tiempo, lo que ha provocado que todas las sociedades se organicen en torno a grupos de personas que generalmente conocemos como familia.

Sin embargo, la gran cantidad de proceso de evolución y revolución social, las familias se han reacomodado en su estructura, provocando que los niños pequeños vivan en entornos familiares que muchas veces no son lo idóneos. "Las familias educan a los hijos, y su objetivo primordial debería ser aportarles una base sólida para que puedan afrontar el futuro con las mejores garantías posibles".

Martínez (2016), considera que el internet ha transformado las formas tradicionales de comunicación y manejo de la información, de tal forma que las nuevas generaciones están sobre expuestas y bombardeadas por información, entretenimiento, maneras de aprender, de explorar, estas personas jóvenes desarrollan capacidades de entendimiento, aprendizaje y formas de hacer las cosas muy diferentes a lo acostumbrado. Esta nueva circunstancia ha forzado el adquirir habilidades que permitan sobrevivir en este mundo cibernético y virtual, ahora los aprendizajes dependen solo del sujeto, no de horarios ni la interacción con un instructor, cada persona es el responsable de su avance escolar, los docentes pasan a ser un guía, un coordinador dejando de ser la fuente de información. Ahora el reto educativo es propiciar infraestructuras y espacios idóneos para lograr los objetivos. Los estudiantes deben desarrollar capacidades de análisis y critica.

La cantidad de estímulos que se pueden generar en un ambiente por diversos motivos, y cada vez más en la medida que las pantallas de los celulares y de las computadoras invaden los espacios, la atención centrada en un solo proceso por largas horas es un imposible, las mentes están creadas para concentrarse en ráfagas cortas, de esta manera los programas y las técnicas se tienen que centrar en simplificar la información, haciéndola significativa y central, haciendo lo más importante parece primordial de la información.

Los docentes tienen el reto de presentar opciones para visualizar, comprende y analizar la información de una manera gráfica, simple, digerible y entendible, así como retroalimentar y evaluar los contenidos por medio de ejercicios, análisis, reportes, que reflejen lo aprendido. Es importante involucrar a los alumnos en procesos prácticos interactivos, analíticos y críticos, permitiéndoles utilizar su creatividad, ingenio, toma de decisión. Los espacios físicos son cruciales para el manejo de la información y lograr que los alumnos aprendan, deben ser cómodos, ventilados, iluminados, en algunos casos se eliminan las aulas y los espacios físicos, permitiendo el libre aprendizaje.

Gaxiola (s/f), explica que "la religión es un sistema de creencias y normas morales que sirven de guía espiritual para el ser humano; la mitología que las compone y sus características principales varían entre cultura y cultura". Hay varias religiones, pero las que tienen más seguidores son el cristianismo, islamismo, hinduismo, budismo y el taoísmo, la creencia religiosa se cree que "inicia con el animismo, un sistema de creencias de algunos pueblos indígenas que consideran la existencia de un núcleo espiritual en las personas, en objetos y lugares; otros consideran el naturalismo –la explicación de fenómenos naturales– como el origen". La mayoría de las religiones comparten características similares como el tener escritos sobre sus ideas teológicas, buscan un lugar de reunión y adoración, comparten símbolos, celebran fechas especiales, funcionan como guía moral y espiritual,

Para Mafla (2013), la religión tiene una función efectiva en la vida de las personas:
> en el plano individual y colectivo. La religión es psicológicamente útil, en tanto sus promesas de recompensa eterna son necesarias para proporcionar soporte y cobijo al sujeto caído en desdicha. Es útil, en tanto imprime un carácter en las personas de inclinación religiosa; asimismo, es fuente de sentido a la vez que eleva la dignidad de la persona y enriquece la naturaleza humana.

El autor cita a Freud (1935), quién pudo observar que "definitivamente, solo la religión puede responder al interrogante sobre la finalidad de la vida." También cita textualmente lo expuesto por Jean Baptiste André Godine (2007), "la religión tiene el poder de compensar necesidades importantes en el ser humano y da seguridad".

Gómez (2014), expone que "las sociedades modernas se enfrentan a retos económicos, sociales y medioambientales cada vez más complejos. La necesidad de un cambio hacia un modelo sostenible resulta cada vez más evidente y es el momento de elaborar estrategias eficientes a largo plazo". El autor cita que surgen nuevas formas de pensar y conceptos como el de valor compartido, propuestos por Michael Porter y Mark Kramer de la Universidad de Harvard, con el cual se busca:
> la renovación del capitalismo basada en la simbiosis entre los intereses empresariales y las necesidades y retos a los que se enfrenta la civilización moderna. «Las empresas deben volver a conectar el éxito empresarial con el progreso social». Según esta teoría, a través del valor compartido se generará la gran ola de innovación y riqueza que permitirá el crecimiento de la economía mundial.

Es necesario desarrollar sociedades con cultura innovadora enfocada a mejorar las condiciones de la comunidad, proporcionando los servicios indispensables para la subsistencia, como el agua potable, condiciones higiénicas en el entorno, electricidad, servicios de salud, etc. La eco innovación busca generar nuevas soluciones para las necesidades y el bienestar de las personas sin hacer daño al medioambiente y con el objetivo de que el impacto sea positivo. Ejemplo de ello son las eco industrias que protegen el medioambiente y la economía verde que genera ganancia económica con respeto por la comunidad y el medioambiente.

2.2 Estratificación social

González (s/f), considera que la estratificación social es la división que existe entre los diferentes grupos o comunidades sociales, en la cual se jerarquiza la posición que ocupara ese grupo en cuanto a poder económico, propiedades, ocupación, evaluación o aceptación social. La autora considera que la estratificación "es la división en grupos permanentes o categorías vinculadas entre sí por la relación de superioridad y subordinación, lo que se manifiesta hasta en las sociedades más primitivas, debido a que se cree que la igualdad real de los miembros es un mito nunca realizado en la historia de la humanidad". En cada sociedad se establecen factores determinantes de la pertenencia a un estrato u otro, hay varios sistemas de estratificación:

En las sociedades que cuentan con sistemas cerrados, las desigualdades están institucionalizadas, y son más marcadas y rígidas; mientras que, en los sistemas de estratificación abiertos, la movilidad social es posible, aunque algunos miembros de la población no tienen la oportunidad de desarrollar todo su potencial. La mayoría de las sociedades industriales modernas tienen sistemas de estratificación abierta o de clase.

La división social ha sido un problema durante toda la historia de la humanidad, debido a la obtención del poder y a sentirse superiores. La autora cita a Bernard Barber (1974), quién considera que en el sentido sociológico la estratificación social se da cuando los individuos o grupos se consideran de mayor prestigio que otros, de tal forma que jerarquiza los grupos, considerando que los pertenecientes a un estrato o clase comparten características similares en estilo de vida. Para la autora la estratificación social se basa en cuatro principios fundamentales:

a) Es un proceso social.
b) Es permanente en el tiempo y por generaciones.
c) Es característico de todas las sociedades, pero cada una de ellas determina sus formas y niveles.
d) Con ella se genera la desigualdad y diferencias de clase.

No existen sociedades sin estratos sociales, en algunos grupos se consideran determinantes de pertenencia el género, la edad, la raza, la economía, entre otras, pero la educación, la propiedad, el poder, y la experiencia, se encuentran entre las de mayor peso social. Los sistemas de clases son muy antiguos, marcando la diferencia entre ricos y pobres, entre los poderosos y los sometidos, la pertenencia a una clase social tiene consigo beneficios, privilegios, obligaciones, determinan el estilo de vida, la ocupación, lugar de residencia,

Ruiz (2006), da a conocer que el concepto de estratificación social es de carácter universal, donde se considera la desigualdad mediante factores propuestos por la sociedad que establecen una jerarquía entre los individuos y grupos, cada sociedad determina las formas y momentos de establecer los estratos o clases. La estratificación por género es muy antigua, donde se les ha atribuido roles diferentes a hombres y mujeres, el hombre es considerado el fuerte, se encarga de la caza y de brindar protección.

Sin embargo, desde muy temprano en el proceso de diferenciación social encontramos la apropiación del trabajo productivo y reproductivo de la mujer en favor de los hombres del grupo y la objetivización de ésta como objeto de intercambio para reforzar alianzas y contratos entre ellos. Uno de nuestros rituales de traspaso de propiedad comienza cuando el oficiante pregunta: - ¿Quién entrega a esta mujer? A lo que su dueño responde con orgullo…   -Yo, su padre.

La autora considera que aún en las sociedades matriarcales, existe el estatus alto en los varones de linaje o clase alta, en la actualidad en las sociedades tradicionales "se refleja en el culto a la madre, reina del hogar cuyo inmenso poder está limitado a la cocina, la iglesia y los niños. La mujer que se arriesga a invadir la esfera de lo público corre el riesgo de convertirse en eso justamente, en una mujer pública".

2.2.1 Clases sociales

Explica Ruiz (2006), que cuando los españoles conquistan las tierras americanas no le dieron importancia a los sistemas ideológicos, sociales o teológicos de los habitantes de esos lugares, se consideró:

de manera automática a las personas del lugar como seres inferiores determinada principalmente por el fenotipo. El indio nace cuando Colón toma posesión de la isla Hispaniola a nombre de los Reyes católicos, citando a Bonfil Batalla ,1992 :30. El negro africano otro concepto globalizante, lleva ventaja temporal como categoría subordinada y queda ubicado en un status aún inferior al del indio debido a su condición de esclavo.

El abuso del poder y el sentimiento de superioridad sientan las bases de la conquista de América y surgen los terratenientes, que no solo poseían la tierra, sino también la vida de los trabajadores y esclavos, de esta forma:

La aparición en el panorama político administrativo de las colonias de representantes directos de la monarquía se restringe en cierta manera las aspiraciones de prestigio de estos nuevos propietarios. Algunos españoles hacen intentos de solicitar títulos de nobleza basados en el ancestro noble de sus esposas o madres indoamericanas pero estos afanes son sofocados por los decretos de abolición de los títulos de nobleza, de aparición muy temprana en las historias constitucionales de la mayoría de los países.

La raza blanca llegada de Europa cobra importancia social en la segunda mitad del Siglo XIX, debido a la idea de los gobernantes de blanquear la raza, así mismo se busca que los indígenas aprendan oficios tradicionales en España, sobre todo.

Un ejemplo de la intención selectiva de este reclutamiento lo provee el Estatuto inmigratorio del Uruguay que, a fines de Siglo, establece claramente una política selectiva excluyendo textualmente a asiáticos, africanos y tzíngaros. (Cuando los sirios libaneses reclamaron, quedaron excluidos de la restricción los asiáticos de raza blanca).

Con la industrialización surgen los patronatos empresariales dando lugar a las clases de patrón (propietarios) y obrero (asalariado), marcando la diferencia económica y social entre ellas. En las sociedades capitalistas se presentan las comunidades rurales que habitan en el campo y se dedican a la agricultura y ganadería y las comunidades urbanas que ejercen una variedad amplia de oficios, industrializaciones y profesiones.

Uriarte (2019), considera que las clases sociales son las partes de la división social, según se clasifica por "el poder adquisitivo o económico, la posición dentro de una burocracia o institución, o la función productiva en el marco de la sociedad". Cada clase tiene características propias que establecen sus formas de vida de manera similar, su función social los derechos y obligaciones que tendrán, así como el desempeño de su rol social, las clases se entrelazan entre sí, es muy difícil determinar donde inicia una y termina la otra. La división social ha existido desde los inicios de la humanidad, cambiando los determinantes de pertenencia a un estrato u otro, así como la función social dentro del grupo, años atrás la pertenencia a una clase era permanente, ya sea por nacimiento, conquista de un país o grupo social como los esclavos, la nobleza, la burguesía, entre otros. Tristemente las clases dominantes se adueñaban en muchos casos de la vida de los grupos dominados.

Así, la aristocracia gobernaba en base a la herencia directa y sucesión en el poder, como los reyes de la Europa medieval, mientras que los esclavos eran capturados como botín de guerra en derrotas militares, o nacían de madres esclavas, como los esclavos africanos en la época colonial hispanoamericana.

La autora considera la existencia de tres niveles en la clase social, la clase alta con una gran capacidad económica muy por encima del promedio, tienen mejor calidad de vida, lo cual le brinda mejores oportunidades ya que no pasa apuros para cubrir sus necesidades básicas, comúnmente sus integrantes derrochan en lujos y se vuelven modelo de rol para las otras clases, como el caso de los deportistas destacados o artistas famosos. La clase media es muy variada en sus características, algunos teóricos consideran que debe subdividirse en media alta, media y media baja, los ciudadanos pertenecientes a este estrato tienen un buen ingreso económico, pueden tener alguna propiedad, un buen empleo con salario que les permite cubrir sus necesidades básicas, cuentan con un grado académico alto, algunos son empresarios y según su capacidad económica pueden subir a la clase alta. Los individuos que conforman la clase baja presentan una dificultad para cubrir sus necesidades económicas, de cas, alimento y vestido, a menudo requieren de asistencia social para subsistir. Dentro de la clase baja existe la clase de pobreza extrema que son personas que carecen de trabajo fijo, de preparación académica, no cuentan con un hogar, no tienen servicio médico, no pueden en si satisfacer sus necesidades básicas.

Las clases improductivas son aquellas que no cuentan siquiera con la protección de la sociedad y no forman parte del aparato productivo de ella, cuya supervivencia está amenazada constantemente y cuyas necesidades básicas no están siquiera satisfechas.

La pertenencia a una clase o estrato social genera en sus integrantes algunos fenómenos sociales como la conciencia de clase, la solidaridad entre sus integrantes y la lucha o conflicto de clase. Sánchez (2020), argumenta que la conciencia de clase es un término marxista que permite a los individuos estar consciente de ser parte de una clase social y por lo tanto pueden actuar con relación a ello, ya sea defendiendo sus derechos o desempeñando su rol social adecuadamente, "según este supuesto comunista y marxista, la conciencia de clase evita la alienación del individuo. Ya que este es capaz de entender su situación y puede aceptarla o revelarse ante la situación". Según la teoría marxista la conciencia de clase permite a las personas entender su nivel económico social y pueden actuar de dos formas, como capitalista burgués o como obrero proletariado.

Menciona en su investigación Pérez (2014), que la conciencia de clases es un legado marxista, en su obra La Miseria de la Filosofía (1847), donde expone el autor que en un principio:

> las condiciones económicas habían transformado la masa del país en trabajadores. Teóricos posteriores al marxismo trataron de describir los mecanismos por medio de los cuales una clase, la clase trabajadora, toma conciencia de sus intereses y actúa en contra de los intereses de otra clase, la burguesía.

En este caso, "la conciencia de clase es el hecho de pasar de ser una clase en sí, a pasar a ser una clase para sí", convirtiéndose en una fuerza social que lucha por sus derechos (conflicto de clase). Los sociólogos actualmente consideran la conciencia de clase como parte de la estructura social capitalista avanzada, esta estructura está basada en la relación de explotación de los obreros. "El principio básico es que la conciencia de clase se refiere al reconocimiento que hacen los individuos de sus intereses de clase definidos objetivamente por su posición de clase".

Herrera (2013), comenta que el concepto de solidaridad surge con la modernidad a finales del Siglo XIX, como respuesta a las demandas sociales generadas por la evolución social, industrial y democrática. El autor afirma que "la solidaridad bien entendida, no es más que la coincidencia permanente entre los fines individuales y los fines sociales, el hombre sólo puede querer la solidaridad". Gracias a la práctica de la solidaridad, que se presenta el establecimiento de la seguridad social. Las tendencias sociales hacia la solidaridad provocan la agrupación de individuos, que se fortalecen, y trabajan en la defensa de los intereses de grupo.

2.2.2 Factores determinantes de la pertenencia a una clase social

González (s/f), argumenta que la estratificación social ha sido determinada a través de la historia por varios factores, uno de ellos es la herencia que tiene el individuo al nacer en un grupo social determinado, el cual se le denominó casta, así mismo hubo grupos sociales considerados como inferiores, ya que deben profesar y mantener obediencia a sus amos, como el caso de los esclavos, actualmente la pertenencia a una clase esta lograda por las capacidades y metas alcanzadas por el individuo, su riqueza y características de raza, esto le determina un estatus que le da privilegios y obligaciones. Uno de los factores con mayor peso de reconocimiento social ha sido la riqueza de las familias o el individuo solo, estableciendo categorías de ingreso alto o bajo, algunas sociedades consideran a grupos especiales dentro de ellas como de mayor prestigio y dignos de venerarse, como a los ancianos, a los que tienen atributos personales especiales y se destacan en algún aspecto social, como el deporte, la actuación, la política. En determinado momento la sociedad establece preferencias o moda en las profesiones, la ocupación, lo cual se considera popular y de prestigio.

En el artículo titulado 4 Criterios principales utilizados en la determinación de la clase social (2020) se considera cuatro atributos o factores en la determinación de la pertenencia a una clase social:

a) Riqueza e ingresos: el alto ingreso y la acumulación de riquezas scon los determinantes de la clase social alta, a diferencia de las otras clases con menor capacidad económica. "A pesar de todas sus debilidades, la riqueza y los ingresos son un determinante importante de la clase social, en parte debido a la forma de vida que permite o impone (una clase social es básicamente una forma de vida), y en parte porque sugiere sobre la vida familiar. y forma de vida". Los pertenecientes a la clase alta tienen mayores oportunidades socialmente hablando y mayor estatus

b) Ocupación: en las sociedades existen ocupaciones, profesiones u oficios con mayor prestigio que otros, lo cual les da un estatus más alto y mayores beneficios económicos y sociales. Se creería que a mayor prestigio mayor ingreso económico, pero no necesariamente se da de esa forma. "La ocupación es también una de las mejores pistas sobre la forma de vida de una persona y, por lo tanto, sobre la pertenencia a la clase social. Afecta muchas otras facetas de la vida (valores, creencias, relaciones conyugales) además de determinar la clase social".

c) Educación: debiera existir una relación entre clase social y educación, a mayor nivel social, mayor educación, pero no necesariamente se presenta de esta forma. Si bien el dinero permite el acceso a escuelas particulares y de prestigio, no necesariamente se considera la mejor educación.

d) Prestigio: "se refiere al respeto y la admiración con que la sociedad considera una ocupación. El prestigio es independiente de la persona en particular que ocupa un trabajo. Los sociólogos han tratado de asignar clasificaciones de prestigio a diversas ocupaciones".

Del Risco (2015), plantea los siguientes aspectos como indicadores de la pertenencia a una clase social:

a) Prestigio: Es considerado cuando una profesión u ocupación tiene un reconocimiento social.

b) Renta: Se consideran los ingresos por el producto de su trabajo y se suman las ganancias por inversiones económicas.

c) Patrimonio: Aquí se consideran las pertenecías de la familia, bienes muebles e inmuebles.

Los indicadores considerados, son importantes para establecer el segmento de mercado al cual va a dirigirse un producto o servicio. Mas no se excluyen los otros segmentos.

Todos los integrantes de una sociedad pertenecen a una clase social o estrato de esta, Uriarte (2019), considera que los individuos pueden moverse o cambiar de una clase a otra, se puede subir, bajar o permanecer dentro de la misma categoría, esto se conoce como movilidad social o movilidad de clases, básicamente se determina por la riqueza o ingreso económico de una familia o persona, esto les da la oportunidad a las clases bajas de mejorar su posición social y alcanzar mejores oportunidades.

La movilidad de clases es un fenómeno más o menos observado dentro de la sociedad, en la medida en que la clase baja cuenta con posibles oportunidades de mejoría para ascender, al menos, a la media, y esta última a la alta, usualmente, podrá bajar a la media; rara vez a la baja.

Para Ruiz (2006), el sistema de clases sociales nace con la industrialización y permite a los integrantes de cada estrato tener una movilidad social, vertical cambiando de una clase a otra y se le conoce como movilidad ascendente, tanto subir o bajar de clase, "en teoría, cualquier individuo podría alcanzar las posiciones de poder y prestigio siempre y cuando se esforzara para lograrlo; es decir, el origen de clase puede ser adscrito pero el esfuerzo individual determinaría en última instancia la posición social de cada uno". No siempre se da un cambio de clase social relacionado a la capacidad económica de los individuos, como es el caso de los nuevos ricos, pueden mejorar su calidad de vida, pero la clase alta se constituye por el nacimiento entre personas de esta categoría.

En situaciones de movilidad espacial u ocupacional que no impliquen cambios en estilo de vida, prestigio o poder del individuo, podemos hablar de movilidad horizontal como sería el caso de una persona que se mudara de un barrio a una urbanización de prestigio equivalente o que cambiara de puesto de trabajo dentro de su misma categoría profesional. Manteniendo su estatus.

Los cambios socioculturales en muchos casos definen la movilidad social de algunos oficios o roles sociales en su categoría completa, en este caso los cambios tecnológicos han desplazado grupos de individuos en la industria de producción, dejando sus puestos de trabajo como obsoletos, esto ha generado que las personas busquen especializarse en nuevas actividades y se redefinen los conceptos y posiciones laborales.

2.3 Cambio social

En el artículo Cambio social (2020), se menciona que el cambio es la variación en la estructura social, la cual está compuesta por valores éticos y culturales, normas, símbolos, para que este cambio se presente existen fuerzas internas y externas que evolucionan con el tiempo. Este proceso de modificación afecta las formas de vida, las formas de pensar y de hacer las cosas. Es a través de este proceso que las sociedades se han adaptado a las circunstancias en cada etapa de su historia. El cambio puede darse en diferentes factores sociales, como los económicos, políticos, culturales, tecnológicos, de producción, las creencias, la religión, educación, "se puede decir que la idea de cambio social posee en la mayoría de los casos una connotación positiva ya que implica la evolución y adaptación de una sociedad a las necesidades particulares de cada momento histórico". Algunas sociedades conservadoras ven el cambio como algo negativo, y luchan por conservar sus tradiciones y formas de vida.

El cambio social puede presentarse de diferentes formas, una de ellas es de manera casi imperceptible, poco a poco dando un resultado con el tiempo esto puede ser por evolución, donde progresivamente la sociedad va modificando sus formas y estructuras. Cuando se presenta una revolución, se aceleran las cosas, se rompe con los esquemas e instituciones, siendo sustituidos por otras formas, se destruye lo anterior y se construye un proceso nuevo, esto puede observarse en una comunidad en guerra.

El cambio social es un fenómeno universal que se produce a diferentes ritmos en cada sociedad y con diferentes consecuencias para los distintos grupos. Algunos cambios son trascendentes, originando verdaderas revoluciones como ocurrió con la Revolución Industrial en el siglo XVIII; y otros, apenas perceptibles.

El artículo cita textualmente tres autores que exponen su idea de cambio social:

a) Auguste Comte distinguió entre la dinámica y la estática social. La primera es la estructura social y la articulación de sus elementos; y la segunda se ocupa de los cambios de dicha estructura en cuanto a la vinculación entre clases sociales, las relaciones de poder, el papel de los líderes en el cambio, la dirección del cambio y su ritmo.

b) Para Marx el cambio social se produce por la lucha de clases dominantes y dominadas. Para él los trabajadores darían origen a una nueva sociedad, que aniquilaría al capitalismo.

c) Para Max Weber el cambio social no solo depende de las condiciones económicas sino también de las ideas y valoraciones. Para este autor tanto la Revolución Industrial como el capitalismo significaron el triunfo de la racionalidad, frente a las sociedades preindustriales, aferradas a la tradición.

Murillo (s/f), argumenta que el cambio social "se define como la alteración del orden dentro de una estructura social caracterizada por diversas transformaciones en los símbolos culturales, patrones de comportamiento, normas, economía, política y sistemas de valores". En la mayoría de los casos el cambio se considera positivo, progresista, sin embargo, la sociedad busca mantener el equilibrio y el orden en su estructura. Dichos cambios pueden darse de manera paulatina o revolucionaria," os más significativos a largo plazo en la historia de la humanidad han sido la Revolución Industrial, la abolición de la esclavitud y el movimiento feminista". A este respecto Millán (2016), comenta que el cambio social es la evolución de la sociedad y su estructura, el autor cita a Guy Rocher (1960), quién expuso que el cambio es "toda transformación observable en el tiempo, que afecta de una manera no efímera, ni provisional a la estructura o al funcionamiento de la organización de una colectividad dada y modifica el curso de su historia, incluidos normas y normas morales, valores y símbolos culturales…dados por evolución o revolución".

Todas las sociedades y culturas sufren cambios en mayor o menor medida, en cada caso las circunstancias cambian y se ven afectados aspectos diferentes en cada uno. En este proceso de cambio se ven afectadas las estructuras básicas como las instituciones, la familia, los gobiernos, etc. El autor considera que el cambio social es cuestión de tiempo, se presenta en aspectos, ambientes y entornos concretos y por tanto afecta a las personas.

El concepto de cambio social, político y económico tal como lo expone Montiel (2016), es la adaptación del sistema social a los procesos de evolución causadas por diferentes factores interrelacionados entre sí, se da como resultado del transcurso del tiempo. El autor cita que Sztompka (1993), dice que "la naturaleza cambiante de la dinámica social varía con el tiempo y también es un caso específico multidimensional y multinivel". Cada sociedad tiene sus propios procesos de cambio, en unos casos es cambio lento y en otros se da rápido

Los actores sociales definen su orientación, alcance y cualidades. Puede responder a estímulos tanto internos como externos, pero su detonante de transformación es gestionado endógenamente. Intervienen interacciones relacionales y prácticas amplias y variadas de poder, además de elementos tanto materiales como intangibles, gestionados dentro de dimensiones específicas de tiempo y espacio. Situado contextualmente, responde primordialmente a la intencionalidad y voluntad de los sujetos en acción. Puede manifestarse de manera incremental y evolutiva con lapsos puntuados de transformación, como resultado de acciones sociales colectivas de naturaleza más o menos consensuada, aunque al mismo tiempo puede responder de manera abrupta o violenta a fuertes choques o estímulos externos.

Cada aspecto cambiante tiene una connotación única, con procesos y escenarios que en ocasiones no están bien definidos, los alcances están de igual forma sin determinar, así como la actuación de los individuos y los grupos en el momento del cambio. Uno de los aspectos que se ve más afectado por el cambio es la economía, de la cual depende la calidad de vida y progreso de la sociedad, la utilización de la tecnología tiene gran impacto social, económico, educativo y de salud. Son los mismos actores sociales los que propician y generan el cambio, el cual en ocasiones se produce de manera contradictoria y perjudicial. El autor cita textualmente que:

> Patrones multidireccionales de evolución puntuada cubren un espectro más amplio, el cual, dependiendo de los factores de potencia, podrían ayudar a determinar la profundidad de la transformación a lo largo de los ejes político y económico. Algunos cambios pueden resultar en efectos que son superficiales y poco profundos, mientras que otros pueden llegar a ser transformaciones profundas y fundamentales.

De esta forma se concluye que no es posible en todos los cados identificar los procesos de cambio social ya que están determinados por los factores involucrados, "las instituciones, las personas, los reguladores, las acciones específicas, omisiones deliberadas, información, ideas, gobiernos, empresas, etc. Todos juegan un papel en los procesos de constante evolución del cambio social. Según cada circunstancia se presentarán las condiciones favorables o desfavorables para el cambio, y el resultado que se espera.

2.3.1 Factores sociales que generan el cambio

En el artículo Cambio social (2020), se argumenta que lo factores que producen el cambio en una sociedad pueden ser subjetivos, según la ideología de los individuos y grupos u objetivos generados por la economía, las condiciones sociales y la situación política, de igual forma pueden ser factores internos o externos, los internos son por la condición propia como un desastre natural y los externos son provocados por fuerzas ajenas a la sociedad, por ejemplo, una guerra, la globalización. Es difícil considerar el cambio por causa de un solo factor, generalmente se conjugan varios factores o varios tipos de cambio. Los factores que se considera que pueden producir cambios son:

a) Demográfico que incluye los aspectos variantes en la población, en crecimiento, decremento, movilidad territorial, envejecimiento de la población, índices de natalidad y mortalidad.

b) Cultural se encarga de proporcionar aspectos de conocimiento que facilitan el funcionamiento del mundo y las relaciones humanas, ayudando en ocasiones a solucionar problemas.

c) Tecnológico en este aspecto se presentan cambios muy rápidos que han orillado a las nuevas formas de transporte, comunicación, interacción social, entretenimiento. "Los status y los roles femeninos han cambiado por completo, el tiempo dedicado a las tareas laborales ha disminuido paulatinamente, creciendo, por tanto, el tiempo de ocio y, con él, las preocupaciones por las actividades culturales, recreativas y deportivas. Los medios de transporte modernos acortan los tiempos de traslado, los medios de comunicación permiten estar conectados en tiempo real con cualquier lugar o persona en el mundo.

d) La ideología que contiene las creencias del grupo social puede tener varias vertientes o corrientes, algunas están ligadas a la práctica de la política y pueden tambalear a la sociedad.

Por lo que se refiere a la estabilidad, la ideología puede ser el medio a través del cual se intenta justificar el orden social y la legitimación del poder vigente. En cuanto al dinamismo, la ideología puede proponer a los individuos una serie de fines o metas destinados a cambiar la realidad (la igualdad social, una mejor distribución de las riquezas, respeto de las libertades...).

Millán (2016), propone la existencia de circunstancias donde puede propiciarse el cambio social y cultural, entre ellas están las nuevas necesidades sociales, las expectativas sociales de cambio, los conocimientos acumulados, los valores sociales cambiantes, el grado de complejidad y apertura de la estructura social. El autor menciona que los factores que producen cambio son el crecimiento o disminución de la población, la introducción y uso de la tecnología, la capacidad económica de los habitantes y las organizaciones, la modificación de la cultura, las ideologías nuevas, los factores climáticos, biológicos y ambientales, también los movimientos sociopolíticos, la lucha de clases y la religión.

Todos los cambios sociales, ya sea por evolución o revolución según Murillo (s/f), se han presentado debido a los diversos tipos de cambio, entre estos se encuentran:

a) La pugna que se da el cambio total y de raíz es una imposición y produce conflicto económico, político y social, un ejemplo es la promulgación de una ley de protección ambiental que impactará en las personas y las organizaciones.

b) La evolución se da en las sociedades abiertas al cambio, democráticas, que trabajan por el bienestar de la comunidad, estos cambios se dan por el paso del tiempo, modificando las ideologías, los sistemas de educación, las estructuras familiares, económicas y políticas, como ejemplo es la incursión de las mujeres al entorno laboral, "al día de hoy, aunque no de manera equitativa, en la mayoría de los países la mujer tiene casi las mismas posibilidades que los hombres de trabajar en lo que desee".

c) Los cambios por revolución son repentinos, con alto impacto en la estructura social, en sus instituciones, normas:

Los cambios revolucionarios ocurren en doble perspectiva. Por una parte, destruyen el status quo; y por la otra, imponen otro nuevo. Son comunes en el terreno de lo político; por ejemplo, el cambio de régimen oligárquico a democrático. Desde otro punto de vista, los cambios revolucionarios pueden ser procedimientos estratégicos tendientes a producir transformaciones en el sistema económico. Tal es el caso de las transformaciones en los sistemas distributivos y productivos, que buscan modernizar los sistemas actuales y generar otros de mayor equidad y bienestar social.

d) Cambio coyuntural reestructura los sistemas productivos con fines de mejora económica, traen nuevas ideas y propuestas de empresa, formas diferentes de empleo y mejores formas y montos de pago.

e) Cambio derivado se presenta lentamente con poco impacto, ya que las cuestiones modificadas se dieron a través del tiempo, por ejemplo, la ideología de adopción de mascotas.

Millán (2016), expone que los cambios sociales pueden alterar el equilibrio en la sociedad, generando un cambio positivo o negativo, pueden darse en corto o largo periodo de tiempo, pueden se cambios endógenos o exógenos, coyunturales o estructurales, gradual o revolucionario, destructor o renovador, en los ámbitos culturales, geográficos, políticos, se puede conocer o desconocer las causas y su impacto. El autor deja como reflexión los siguientes planteamientos:

Ya decían los griegos "panta rhe", todo fluye, es decir, todo cambia, ¿pero la cuestión es si se puede de alguna manera armonizar los cambios, ya que los cambios sociales son debido a multitud de causas, sociales, tecnológicos, demográficos, ideológicos, científicos, etc.? ¿Además estaría la interrelación del individuo, la sociedad, la cultura-conocimientos, la naturaleza y si se cree en Algo Trascendente, pues también los aspectos metafísicos de la realidad…? ¿Aunque el cambio y el cambio social sea inevitable se puede orientar o dirigir incentivando los aspectos positivos y minimizando los aspectos negativos…?

Ejercicios del Capítulo 2

I. Número de práctica: 1 II. Nombre: Detección de factores determinantes de estatus social en su entorno.

III. Competencia(s) a desarrollar:
  ✓ Capacidad de organizar y planificar.
  ✓ Habilidad de buscar y analizar información proveniente de fuentes diversas.

IV. Introducción: El alumno realizará una detección de los factores que determinan el estatus en su comunidad. Con la información teórica y lo observado se realizará un cuadro comparativo que le permitirá visualizar gráficamente las similitudes y/o diferencias en los diferentes niveles de estatus.
V. Medidas de seguridad e higiene: 1. Se requiere que el alumno observe en su entorno las formas y niveles de estatus, así como tomar nota de los aspectos que lo determinan. 2. Se requiere de mobiliario escolar, dónde el alumno pueda trabajar de manera individual, en una forma segura y cómoda. 3. Se requiere de espacio suficiente en el aula, para poder movilizar el mobiliario y trabajar en equipos.
VI. Material y equipo necesario: Información teórica, hojas tamaño carta, lápiz, pluma, regla, colores (opcionales)

VII. Metodología:
  ✓ Previo al ejercicio, el docente se asegurará de que el alumno conozca ampliamente la información teórica respecto a los conceptos de estatus y sus determinantes.
  ✓ Los alumnos realizarán de manera segura y ordenada un recorrido por su comunidad con la finalidad de visualizar los niveles de estatus, sus características e identificar los factores que los determinan.

Ya en el aula: Se organizarán en equipos para comparar sus observaciones y realizar un cuadro comparativo de los factores determinantes de estatus.

  ✓ El cuadro comparativo es una forma de organizar gráficamente la información en cuestión, resaltando las semejanzas o diferencias entre los aspectos contenidos.
  ✓ Generalmente se presenta en forma de tabla, donde cada columna contiene los elementos necesarios o requeridos.
  ✓ Tiempo 50 minutos.

VIII. Pasos a seguir:
1 Explicar a los alumnos que el objetivo del ejercicio es reforzar el conocimiento, proporcionar las instrucciones a seguir.
2 Llevar a cabo un recorrido por su comunidad observando y tomando nota sobre los diferentes niveles de estatus y sus determinantes.
3 Organizar equipos con sus compañeros, dentro del aula.
4 Determinar los aspectos, características o puntos a comparar.
5 Elaborar una Tabla de contenido señalando los elementos principales que resaltan en cada concepto.

6 Vaciar de manera personal, los datos correspondientes a cada concepto.
7 Comparar la información con sus compañeros de grupo, trabajando en equipos de 4 o 5 personas.
8 Tiempo de duración de 50 a 60 minutos.
9 Conclusión comentar voluntariamente el sentimiento personal que generó el ejercicio práctico.

Ejemplo:

Nivel de estatus	Factor determinante observado	Frecuencia de aparición

IX. Sugerencias didácticas:
- ✓ Propiciar actividades de búsqueda, selección y análisis de información en distintas fuentes.
- ✓ Propiciar, en el estudiante, el desarrollo de actividades intelectuales de inducción-deducción y análisis-síntesis, las cuales lo encaminan hacia la investigación, la aplicación de conocimientos y la solución de problemas.
- ✓ Propiciar el uso adecuado de conceptos y de terminología de las áreas del desarrollo humano.

X. Reporte del alumno (discusión de resultados y conclusiones):

XI. Bibliografía (emplear formato APA)

Educa y crea, 2012, Cuadro comparativo, definición y ejemplos, EDUCAYCREA.com, México. http://www.educaycrea.com/2012/12/cuadro-comparativo/

Utel University, 2016, Cuadro comparativo, Utel University en asociación con PEARSON, México.
http://gc.initelabs.com/recursos/files/r162r/w18141w/cuadro_comparativo.pdf

I. Número de práctica: 2
II. Nombre: Cuadro comparativo entre las características de las clases sociales en México.

III. Competencia(s) a desarrollar:
 ✓ Capacidad de organizar y planificar.
 ✓ Habilidad de buscar y analizar información proveniente de fuentes diversas.

IV. Introducción:
El alumno realizará un análisis amplio de las aportaciones de los teóricos sobre las características de clases sociales, identificando los elementos que contienen. Con la información teórica se realizará un cuadro comparativo que le permitirá visualizar gráficamente las similitudes y/o diferencias en las diferentes clases.

V. Medidas de seguridad e higiene:
1. Se requiere de mobiliario escolar, dónde el alumno pueda trabajar de manera individual, en una forma segura y cómoda.
2. Se requiere de espacio suficiente en el aula, para poder movilizar el mobiliario y trabajar en equipos.

VI. Material y equipo necesario:
Información teórica, hojas tamaño carta, lápiz, pluma, regla, colores (opcionales)

VII. Metodología:
 ✓ Previo al ejercicio, el docente se asegurará de que el alumno conozca ampliamente la información teórica respecto a las clases sociales.
 ✓ El cuadro comparativo es una forma de organizar gráficamente la información en cuestión, resaltando las semejanzas o diferencias entre los aspectos contenidos.
 ✓ Generalmente se presenta en forma de tabla, donde cada columna contiene los elementos teóricos necesarios o requeridos.
 ✓ Tiempo 50 minutos.

VIII. Pasos a seguir:
1 Determinar la información teórica a utilizar.
2 Explicar a los alumnos que el objetivo del ejercicio es reforzar el conocimiento teórico.
3 Determinar los aspectos, características o puntos a comparar.
4 Elaborar una Tabla de contenido señalando los elementos principales que resaltan en cada concepto.
5 Vaciar de manera personal, los datos correspondientes a cada concepto.
6 Comparar la información con sus compañeros de grupo, trabajando en equipos de 4 o 5 personas.
7 Tiempo de duración de 50 a 60 minutos.
8 Conclusión comentar voluntariamente el sentimiento personal que generó el ejercicio práctico.

Ejemplo:

Clase social	Características

IX. Sugerencias didácticas.

- ✓ Propiciar actividades de búsqueda, selección y análisis de información en distintas fuentes.
- ✓ Propiciar, en el estudiante, el desarrollo de actividades intelectuales de inducción-deducción y análisis-síntesis, las cuales lo encaminan hacia la investigación, la aplicación de conocimientos y la solución de problemas.
- ✓ Propiciar el uso adecuado de conceptos y de terminología de las áreas del desarrollo humano.

X. Reporte del alumno (discusión de resultados y conclusiones).

XI. Bibliografía (emplear formato APA)

Educa y crea, 2012, Cuadro comparativo, definición y ejemplos, EDUCAYCREA.com, México.   http://www.educaycrea.com/2012/12/cuadro-comparativo/

Utel University, 2016, Cuadro comparativo, Utel University en asociación con PEARSON, México.
http://gc.initelabs.com/recursos/files/r162r/w18141w/cuadro_comparativo.pdf

CAPITULO 3 CULTURA

A través de la historia de la humanidad, los individuos han buscado formas de convivencia y supervivencia en grupo, debido a su tendencia gregaria, estas formas de comunidad han evolucionado con el tiempo, se han vuelto más sofisticadas y diversas, en la actualidad es difícil encontrar sociedades puras en sus raíces y formas de vida. Todos los procesos sociales dan un toque característico a la comunidad que los distingue de otras agrupaciones, de esta forma se desarrolla una cultura propia en cada sociedad. En el artículo Cultura (s/f), se menciona que el vocablo cultura se deriva del latín cultus, que proviene de colere y hace referencia al cuidado del campo o del ganado. Inicialmente la cultura era el cultivo de una parcela, ya en el siglo XVI se utiliza el término como el cultivo de cualquier capacidad o habilidad de una persona.   La aplicación y estudio del concepto de cultura en ciencias sociales inicia a finales del siglo XIX, por la antropología y la sociología, de hecho "algunos sociólogos, como Émile Durkheim, rechazaban el uso del término. Hay que recordar que, en su perspectiva la ciencia de la sociedad debía abordar problemas relacionados con la estructura social".

3.1 Concepto de cultura y sus determinantes

Collazos (s/f), expone que desde el punto de vista sociológico la cultura es un concepto nuevo. La primera definición que se estableció, que tiene validez, fue dada por Tylor, en el su libro Culturas primitivas del año 1861 y cuya definición era la siguiente: "cultura es un conjunto complejo que abarca los conocimientos, las creencias, el arte, el derecho, la moral, las costumbres y los demás hábitos y aptitudes que el hombre adquiriere en cuanto que es miembro de la sociedad". La autora cita a Rocher (1965), cuyo concepto de la cultura es "un conjunto trabado de maneras de pensar, de sentir y de obrar, más o menos formalizadas que aprendidas y compartidas por una pluralidad de personas, sirven de un modo objetivo y simbólico a la vez, para constituir a esas personas en una colectividad particular y distinta".

En sus aportaciones Vargas (s/f), menciona que los seres humanos son por naturaleza sociables, en su convivencia con los demás, se desarrolla una forma de vida que se denomina cultura, el autor menciona que "la cultura social es definida por Newstrom y Davis (1993) como el medio ambiente social de las creencias creadas por los seres humanos, las costumbres, los conocimientos, y las prácticas que definen la conducta convencional en una sociedad". Todas las actividades, ideologías, valores, procesos e instituciones de una sociedad van a determinar los comportamientos de sus integrantes, dando como resultado un sistema político, económico y social propio de cada grupo. El autor cita a Fukuyama (1996), quién "enfatiza la cultura como la promotora del desarrollo económico cuando facilita las formas de sociabilización espontaneas en la que se confía entre extraños, para trabajar juntos en formas nuevas y flexibles de organización".

3.1.1 Concepto de cultura

En el artículo Cultura (s/f), se conceptualiza la cultura como "el conjunto de todas las formas, los modelos o los patrones, explícitos o implícitos, a través de los cuales una sociedad regula el comportamiento de las personas que la conforman. Como tal incluye costumbres, prácticas, códigos, normas y reglas de la manera de ser, vestimenta, religión, rituales, normas de comportamiento y sistemas de creencias". Desde esta perspectiva la cultura abarca todos los conocimientos, habilidades y capacidades que poseen los humanos en una sociedad. Es la antropología la disciplina científica que se encarga del estudio de las diversas formas culturales del ser humano.

Grande (2019), considera que al hablar de cultura se hace referencia a la condición humana, que permite tener conciencia, expresarse y crear, de igual forma la interacción entre los individuos forma patrones culturales de influencia reciproca. La autora cita que la UNESCO define cultura como "el conjunto de los rasgos distintivos, espirituales y materiales, intelectuales y afectivos que caracterizan a una sociedad o un grupo social". De igual forma Peiró (s/f), expone que la cultura es "el conjunto de conocimientos y rasgos característicos que distinguen a una sociedad, una determinada época o un grupo social", algunos autores asocian el término cultura a progreso y evolución. Al fomentar la cultura en una sociedad, se promueve la capacidad crítica entre sus ciudadanos, se acrecientan las opciones culturales como la música, cine, teatro, se obtiene conocimiento sobre otras culturas y sociedades y se ayuda a la creatividad.

Portugal (2007), explica que la cultura es la base fundamental de la esencia humana, iniciando con la educación familiar. Cada pueblo desarrolla su cultura y estilo de vida, sus propias formas de organización social, normas, lenguaje, maneras de convivencia, procesos productivos, entre otros aspectos que proporcionan una identidad cultural. El término cultura abarca todos los factores creados por el hombre, sus formas, sistemas políticos, estilos de vestir, trabajo, respeto por el medio ambiente, hasta los aspectos de violencia y guerra.

> Todos éstos son productos culturales porque han surgido de la creación humana y de su manera de entender, sentir y vivir el mundo, lo mismo que el Internet, que en los últimos años ha revolucionado la conducta humana cambiando la manera de pensar y coadyuvando al desarrollo global intercultural a velocidad impensable. Por eso también se dice que la cultura es la forma, para bien o para mal, como el ser humano ha modificado la naturaleza.

En sí, la cultura abarca los aspectos materiales o inmateriales, comportamientos y pensamientos que distinguen a un grupo social de otro, son formas de llevar a cabo la vida en sociedad. "Al darse la yuxtaposición entre los idiomas y las culturas, los individuos progresan hasta adquirir una interculturalidad globalizada", los pueblos evolucionan y crecen en tamaño y complejidad. Las diferentes disciplinas conceptualizan la cultura, la antropología la define como el conjunto de elementos con organización lógica y coherente que proporciona conocimientos dentro de la sociedad. Para la sociología la cultura es en conjunto de estímulos ambientales que se incluyen en la socialización, aquí se observa la cultura de masas generada por los medios de comunicación masiva, televisión y redes sociales. Desde el punto de vista filosófico, se define como el conjunto de producciones creativas del ser humano.

Pavón-Cuéllar (2015), considera el concepto de cultura como algo complejo donde los teóricos los definen como un conjunto de elementos que evoluciona según el proceso histórico de una nación. El autor cita a Hofstede (2003), que explica que la cultura establece formas de comportamiento complejo en los individuos, determinados por su aspecto cultural, estos grupos culturales comparten actitudes, valores y creencias similares entre ellos. Estos procesos y formas culturales son cambiantes, incluso pueden ser representativas de una sola región en un país, depende de que tan modernas o conservadoras sean las sociedades. El autor cita a Clark (1990), quien expone que "la globalización induce a una creciente interacción que acaba por alterar las culturas y dificulta aislar subgrupos culturales entre naciones, además, hacerlo sería cuestionable, pues cada nación ha adquirido una identidad propia derivada de la fusión cultural".

Los individuos tienen poco control sobre sus procesos culturales, están sujetos a su historia familiar y social.

Esta persistencia justifica considerar los rasgos culturales como constantes en nuestro periodo de estudio, o determinados en décadas e incluso siglos anteriores y, por lo tanto, como causal exógeno de la competitividad. La antropología, la sociología, la historia y la psicología pueden aportar valiosos elementos para evaluar el impacto de los rasgos culturales en la actividad económica según cita el autor a Minkov y cols., (2013), ya que las diferencias culturales podrían explicar, por ejemplo, por qué lo que funciona para un país no funciona para otro. De ahí la presunción de que exista una interdependencia importante entre cultura y competitividad.

3.1.2 Factores determinantes de la cultura

Pavón-Cuéllar (2015) menciona que Hofstede y cols., (2010), "definen a la cultura como la programación mental que distingue a miembros de un grupo de personas de otros; en el caso de la cultura nacional, dicho colectivo hace referencia a individuos de un mismo país". Se considera que la dimensión cultural es un rasgo que puede permanecer constante en el tiempo, salvo la presencia de factores altamente dañinos, como un desastre natural o una guerra. El autor considera la presencia de seis dimensiones culturales, la primera es la distancia del poder, se refiere a la aceptación de las posiciones sociales y su distancia a los privilegios del poder. La segunda dimensión es el individualismo, abarca el grado en que las personas se agrupan y se sienten parte del grupo, si el individualismo se presenta fuertemente, la cohesión del grupo será débil. La tercera dimensión es la masculinidad, basada en la interpretación de roles de género, la tendencia a la masculinidad lleva a la competitividad y acciones asertivas. "En culturas femeninas, más modestas y empáticas, existe una mayor preferencia por el consenso, la cooperación, el cuidado de los débiles y la calidad de vida". La cuarta dimensión se refiere a la intolerancia a la incertidumbre, supone que las sociedades evitan la incertidumbre, el riesgo y la ambigüedad, volviéndose emocionales y ansiosas, tratan de mantener el control mediante leyes estrictas y verdades absolutas, son poco tolerantes y reflexivas. La quinta dimensión está enfocada a la orientación a largo plazo o pragmatismo, donde la sociedad valora el compromiso, la perseverancia y el esfuerzo a cambio de una recompensa, por último, se considera la indulgencia que representa la libertad y la posibilidad de satisfacer las necesidades humanas, buscan la felicidad y el esparcimiento.

Peiró (s/f), considera que las culturas están formadas por diferentes elementos, entre ellos se encuentran los siguientes:
a) Las creencias son ideas que producen formas de pensar y actuar, le atribuyen significados y valores a las cosas, pueden ser basadas en ciencia, leyendas, religión, aspectos populares, tradiciones, etc.
b) Las normas son reglas que se respetan por lo general, se transmiten de generación en generación.

c) Los valores sociales le proporcionan valía a las acciones positivas de las personas, los comportamientos contrarios se consideran antivalores.

d) El lenguaje es la base de la comunicación, permite estar en contacto, informar, explicar, debatir.

e) Los símbolos deberán tener el mismo significado para ambas partes, permiten comunicar e informar de manera gráfica y rápida.

f) La tecnología es la aplicación de las técnicas, métodos e instrumentos con la finalidad de facilitarle la vida a las personas.

g) La identidad es lo que distingue a la sociedad, incluye el estilo de vida, su alimentación, formas de vestir, cultos, ritos, etc.

Collazos (s/f), considera que la cultura está determinada por varios aspectos que se hacen presentes en la sociedad, entre ellos cita los siguientes:

a) Los elementos cognitivos: "significa que toda cultura tiene un grado o nivel alto de conocimientos objetivos sobre la naturaleza, (el mundo que nos rodea) y sobre la sociedad". Las sociedades sobreviven gracias a que comparten sus conocimientos sobre la naturaleza y la sociedad. A través de la historia, los pueblos han sabido adaptarse a su entorno cotidiano y han salido adelante.

b) Las creencias: "La creencia es algo que empíricamente no se puede demostrar, es algo difícil de racionalizar, es una cuestión de fe, te la crees o no te la crees. Son enunciados específicos que las personas consideran ciertos".

c) Las normas: "son reglas y expectativas sociales mediante las cuales una sociedad regula las conductas de sus miembros". Algunas de estas normas prohíben ciertos comportamientos y a menudo son cuestión de género, por ejemplo, no permitir salir sola la mujer casada a la calle, otras son prescriptivas, que regulan o establecen comportamientos, indicando lo que se debe hacer, por ejemplo, ceder el asiento o el lugar a las personas mayores.

d) Los valores: es un proceso social de establecimiento de valor a los comportamientos de las personas, "se evalúa lo que es deseable, bueno, bello y sirven de guía para la vida en sociedad".

e) Los signos: cobran significado cuando se comparte la misma interpretación por ambas partes, pueden ser de dos clases, las señales que indican acción, como las señales de tránsito, estas pueden ser universales o muy locales. Los símbolos que generan emociones, como interpretar el sentir de los demás.

f) Formas no normativas de conducta: "Son las maneras o estilos peculiares de la gente de una comunidad idiosincrasia". Son formas regionales de ideas que los diferencian de otros grupos. Frecuentemente se presentan por región o población.

El autor cita a Canclini (2009), quien señala que "por su capacidad para recoger el sentido afectivo de las transformaciones sociales, la polarización, discrepancia y condensación entre sentidos, la ritualidad, según Turner, es más propicia que otras prácticas: sirve para vivir -y para observar- los procesos de conflicto y transición". El último factor es la diferencia lingüística y de comunicación, el lenguaje es un aspecto cultural y no determina la interpretación que se hace del entorno, nos dará las formas de ver a las personas e identificarlas, la interpretación de los objetos y situaciones, lo que llevará a hacer juicios interpretativos, esto lleva a una memoria cultural, donde se repiten los patrones de conducta. El autor cita a Stevens (1979) quién menciona:

que los mexicanos se comunican a nivel oral de maneras que son bastante diferentes a las de otros países de habla española. La diferencia más notable, observada a menudo por mexicanos que han visitado España, es el tono y el volumen de la voz [...] Además de la suavidad del tono vocal, los mexicanos emplean circunloquios en lo que parece ser un intento de poner un cojín de palabras entre ellos mismos y sus oyentes

El autor concluye que además de su estatus de estancia ilegal en la mayoría de los casos, cuando migran a Estados Unidos, los mexicanos enfrentan los problemas culturales de adaptación a esta sociedad. Es importante como país "el tratar de equilibrar las características propias de nuestra cultura con la necesidad –cada día más apremiante- de aprender a convivir con el resto del mundo".

El autor presenta la reflexión propuesta por Villegas (1977), en la cual señala que:
Si hay un país que haya tenido, tenga y tendrá la necesidad de estudiar a Estados Unidos, ese país es México. Sin embargo, uno de los rasgos más desconcertantes del mexicano es el olímpico desdén intelectual que siente por Estados Unidos, al cual envidia en secreto, al tiempo que le echa la culpa de todos sus males, y al que nunca ha tratado de entender.

3.2 Organización cultural

En el artículo rasgo cultural (2017), se considera que los rasgos culturales son las formas más pequeñas representativas de una cultura material o no material, los aspectos materiales son aquellos objetos como un arco, una vasija, un cesto, una pipa. etc., la cultura inmaterial está compuesta por acciones, creencias, la ideología, formas de saludo, de festejo, etc.

Los rasgos culturales, dentro de una misma cultura, pueden ser universales, si los comparten todos los miembros de dicha cultura (dar la mano para saludar es un rasgo cultural universal dentro de una cultura; inclinarse o efectuar una reverencia es un rasgo cultural universal dentro de otra cultura), o bien alternativos, si son libres (se puede ser creyente o ateo, normalmente), o pueden ser especiales, si son propios de grupos determinados de la sociedad (de una profesión, por ejemplo) etc.

El conjunto de rasgos forma complejos culturales, por ejemplo, un rasgo es el uso de diferentes prendas de vestir, (sombrero, pañoleta, falda ancha, colores de tela, tipo de zapatos, etc.) y un complejo sería un traje típico con todas sus prendas. Algunos alimentos son considerados rasgos culturales, como en México el chile jalapeño, el maíz, el frijol y un platillo como los tacos sería un complejo cultural. "A su vez, los complejos culturales pueden organizarse en instituciones sociales, es decir, en un conjunto de complejos culturales centrados en torno de una necesidad importante de la sociedad". Cada complejo está formado por varios rasgos y varios complejos forman una cultura o institución cultural, por ejemplo, la charrería mexicana o la gastronomía.

Pérez-Porto y Gardey (2020), consideran que un rasgo social es un aspecto pequeño representativo de una cultura, "los rituales, los conocimientos, las expresiones artísticas y las costumbres de una comunidad". Cada rasgo es una unidad mínima con significado representativo de la cultura, cada rasgo se transmite de generación en generación dando forma a la identidad de cada sociedad, por ejemplo, el sombrero de charro, el zarape, la bandera nacional, entre otros. La evolución histórica de un pueblo puede llevar a cambiar estos rasgos y su significado, de tal forma que se modifican o pierden vigencia. "La transmisión de una cultura, en definitiva, es la transmisión de sus rasgos culturales, ya sea mediante el lenguaje o a través de objetos. Cada persona adquiere la cultura vía el aprendizaje, la imitación o la apropiación". Los rasgos pueden ser tangibles como algún objeto, postura, símbolo o intangibles como un pensamiento, ideología, un valor o norma.

Los rasgos culturales se organizan en sistemas que dan lugar a los complejos culturales y estos forman las instituciones culturales que buscan cubrir las necesidades básicas de la sociedad. "Respecto a los rasgos culturales materiales, se trata de piezas muy diversas, desde construcciones hasta herramientas, pasando por adornos y utensilios. Estos elementos suponen una expresión concreta de la cultura". Cada sociedad deberá vigilar el cumplimiento y respeto por los rasgos culturales, de otra forma se compromete la identidad cultural del grupo. En ocasiones el enfrentarse a personas o lugares con cultura diferente a la propia, puede representar temor y rechazo, discriminación o racismo.

> No es raro oír comentarios acerca de las características negativas que, supuestamente, representan a los demás pueblos: «estos son tacaños», «esos son haraganes», «aquellos son sucios», etcétera. Una de las razones por las cuales se crean y divulgan estas ideas es la falta de comprensión de los rasgos culturales ajenos. Esto sucede porque no es tan fácil entenderlos como compararlos con los nuestros, sino que debemos prestar atención a otros pilares fundamentales de la sociedad.

Similar en ideas es lo que presenta Collazos (s/f), ya que el autor considera que los rasgos culturales representan a una cultura en su expresión mínima, estos son fáciles de identificar y aislar, un conjunto de rasgos forma el complejo cultural, que representa un patrón de comportamiento, vestimenta, alimentación, actividades de recreación, trabajo, rituales, estos complejos son relativamente estables y duraderos, peros se van actualizando según la época y lo moderno de la sociedad. Ejemplos de rasgos son los alumnos, mesas, lápiz, papel, pizarrón, laboratorios, biblioteca, etc., el complejo sería la infraestructura educativa y la Institución cultural es la Educación de un país. Existe un fenómeno social que permite compartir los complejos culturales entre sociedades, esto se denomina difusión cultural, pero cada cultura conservará sus propios estilos.

Pavón-Cuéllar (2015), comenta que los rasgos culturales son parte esencial del capital social de los países, al mismo tiempo van afectando otros aspectos y estos los influyen a ellos, de tal forma que la cultura va evolucionando. La autora cita lo que la OCDE (2013), argumenta, los rasgos culturales están vinculados con el capital humano, ya que todas las habilidades y capacidades de las personas son "relevantes para la actividad económica, son resultado, y al mismo tiempo determinante, del entorno social en el que se adquieren". Las actitudes o tendencias de comportamiento de las sociedades se ven determinados por los rasgos culturales, por ejemplo, las tendencias de ahorro o cuidado del medio ambiente, la autora también cita a Wef (2014), quien considera que "dentro del capital social, además de la cultura y de las instituciones formales, debería incluirse la sostenibilidad social, entendida esta como la capacidad de lograr un crecimiento inclusivo o equilibrado socialmente". El capital social se ve mejorado con la utilización de tecnología y la innovación de los procesos.

3.3 Normas culturales

Las normas son comunes en todas las sociedades y culturas, expresa Ruiz-Mitjana (s/f), son consideradas como formas aceptadas del comportamiento que deben tener las personas, dictando los comportamientos según el estatus, rol, edad, lugar, etc., cada sociedad, a través de las normas establece las reglas de lo que es válido o inválido, se supone que las personas las conocen y las aceptan. Las normas culturales van cambiando con el tiempo y se pueden presentar de diferentes formas. La función principal de las normas es regular el comportamiento y sus formas de expresión, además establecen una unidad de medida que valora y evalúa las formas de actuación. La autora menciona que existen tres tipos de normas principalmente, según el parámetro de clasificación, según su formalidad, según su indicación y el ámbito en que se aplique.

1 Según el grado de formalidad se pueden considerar normas formales o informales, las primeras se pueden presentar por escrito o por medio de gráficos o símbolos. Por ejemplo, un letrero de silencio en una biblioteca. "Son normas que se acuerdan y que se comunican formalmente (con mayor o menor formalidad). Además, este tipo de normas suele contemplar la consecuencia negativa que implica no cumplir dicha norma". Las normas informales son sobreentendidas por la población, no es necesario señalar o indicar su comportamiento a seguir, por ejemplo, no fumar en un hospital, no correr en una iglesia.

2 Según la indicación de la conducta a seguir, se dan dos tipos de normas, "la norma prohíbe un comportamiento o un indica un comportamiento a seguir", las primeras son las normas prescriptivas indican lo que se debe hacer, marcan lo apropiado o inapropiado, por ejemplo, el tipo de ropa que se debe utilizar o reglas de higiene en un lugar público, las segundas son las normas proscriptivas, indican los comportamientos a evitar, indican lo que está prohibido, no son flexible ni negociables, por ejemplo, la ley de prohibición del uso del tabaco en establecimientos cerrados.

3 Según el lugar de aplicación se presentan cinco tipos de normas, las primeras son las normas sociales, comprende comportamientos obligados para todas las personas al encontrarse en un lugar público, se basan en el respeto, tratando de mantener la sana convivencia, al no cumplirla se presenta un señalamiento social, por ejemplo, no tirar basura en la calle. Las segundas son las normas religiosas, cada religión establece sus propias reglas, tienen relación con el comportamiento moral, ético, establecen los comportamientos basados en el bien y prohíben los basados en el mal. Cada ideología teológica pondrá las sanciones que le presentan si se incumple con lo establecido. El tercer tipo son las normas jurídicas o legales, estas son consideradas formales y oficiales, son establecidas en las leyes y avaladas por los gobiernos. "Son normas que deben ser escritas y estar reflejadas en algún documento legal". Su función es regular los comportamientos sociales, "el hecho de incumplirlas conlleva ciertos tipos de sanciones. Estas sanciones pueden ser administrativas (multas) o penales (cárcel, antecedentes…)".

El cuarto tipo son las normas morales indican lo que está bien o está mal, tiene la función de juzgar el comportamiento de los individuos, "las normas morales se relacionan con pactos o convenciones sociales sobre lo que es ético (correcto) y lo que no. Se trata de tipos de normas que tienen (o deberían tener) en especial consideración los derechos humanos, el respeto y la dignidad de las personas". Las reglas morales no están escritas, pero son conocidas por la sociedad en general, por ejemplo, no salir en público desnudos, no mentir, cumplir con los compromisos adquiridos, etc.

Su incumplimiento se relaciona con una sanción más de tipo espiritual o de conciencia, como por ejemplo la culpa o el remordimiento. Es decir, la sanción tiene que ver más con uno mismo. En ocasiones las normas morales se relacionan con las normas religiosas, como ya hemos visto, ya que ambas comparten aspectos de conciencia personal y remordimiento.

Por último, están las normas de protocolo, las llamadas normas de etiqueta, indican como vestirse según la ocasión, como sentarse, las posturas adecuadas, como comer en público, se relacionan con la elegancia, se manejan en lugares de estatus alto.

Wiki Encyclopedia of Law (2020), expone que las normas culturales son las reglas que una sociedad establece para estandarizar el comportamiento de las personas del grupo, cada cultura establece sus normas, lo cual puede generar comportamientos con interpretación contradictoria, como sería el ver a las personas a los ojos al conversar, en una cultura puede ser aceptado y en otra cultura puede considerarse falta de respeto.

Los sociólogos hablan de al menos cuatro tipos de normas: folclóricas, costumbres, tabúes y leyes. Las costumbres populares, a veces conocidas como "convenciones" o "costumbres", son normas de comportamiento que están socialmente aprobadas pero que no son moralmente significativas. Por ejemplo, eructar en voz alta después de cenar en la casa de otra persona rompe una tradición americana. Las costumbres son normas de moralidad. Romper las costumbres, como asistir a la iglesia desnuda, ofenderá a la mayoría de la gente de una cultura. Ciertas conductas son consideradas tabú, lo que significa que una cultura las prohíbe absolutamente, como el incesto en la cultura estadounidense.

Las leyes son propuestas por el gobierno y respaldadas por él, se utilizan para regular los comportamientos sociales, todas las personas pertenecientes a una sociedad deberán cumplir y hacer cumplir las normas culturales, heredando a las generaciones futuras esta ideología, los ciudadanos deberán conocer y respetar las normas y valores, al no cumplir una ley se puede proporcionar un castigo ya sea mediante una multa monetaria o encarcelamiento.

Un factor determinante como norma social son los valores sociales, los cuales para Dávila (2018), representan los principios que se deben cumplir dentro de la sociedad, para vivir en orden y armonía, "como integrantes de un entorno social, necesitamos aprender la mejor forma de convivir con los demás y definir una identidad de grupo". Los valores sociales como el respeto, honestidad, integridad, misericordia, entre otros, se aprenden de la familia y de la convivencia con amigos, los grupos formales a los que se integra el individuo también enseñan la práctica de los valores formales como el cumplir un horario, la puntualidad, el compromiso, entre otros. Actualmente se requiere una sociedad comprometida con los valores sociales, para mejorar la condición de vida.

A este respecto Sachis (2020), establece que los valores sociales se pueden clasificar según el estado de evaluación que la sociedad realice a las conductas de las personas, (ver cuadro No. 1), dichos valores están determinados por las formas de vida aceptadas y deseadas en la sociedad, viéndose influidos por la cultura, educación y la economía. Desde el origen de la humanidad han surgido comportamientos considerados con valor social como la sabiduría, bondad, el amor, el respeto, la obediencia, la paz, armonía y algunos otros. "A partir de estos valores universales, se crean otros más específicos que diseccionan los valores iniciales en aspectos más concretos y que vendrán determinados, en última instancia, por el grupo social y la tradición cultural concreta del lugar".

Cuadro No. 1 Valores utilizados de manera general por la sociedad, según su cultura y tradiciones

Función social	Valores
Ética y moral	Sabiduría, Bondad, Amor, Pureza, Paz, Misericordia y Belleza
Garantizar la existencia de la persona.	Salud, Supervivencia y Estabilidad personal
Beneficio y mejora personal.	Éxito, Prestigio y Poder
Normativa	Tradición, Obediencia y Religiosidad
Satisfacción de las necesidades supra-personales estéticas, de conocimiento y de autorrealización.	Conocimiento, Madurez y Belleza
Experimentación y gratificación personal	Sexualidad, Placer y Emoción
Social humanitaria que fomenta la unión y colaboración	Afectividad, Convivencia y Apoyo social
Garantizar un funcionamiento social conciliador y humano.	Paz, Libertad, Igualdad y Fraternidad

Fuente: Sanchis S., 2020, Valores sociales: qué son, tipos, ejemplos y lista, Psicología-Online, Link To Media, España.

El fomentar y practicar los valores puede conducir a conductas egocéntricas e individualistas, o comportamientos enfocados a cooperar y apoyar en sociedad, cada sociedad de acuerdo con su cultura y creencia va a promover un enfoque propio de sus valores sociales

En el momento de crisis social en el que nos encontramos, si deseamos constituir una sociedad más justa e igualitaria tendremos que defender y promover valores sociales que nos alienten a unirnos por el bien común de todos y cada uno de los seres vivos y por el cuidado de nuestro entorno.

Pérez-Porto y Gardey (2010), exponen que el termino tradición proviene del latín traditio, y lo definen como todos aspectos de una cultura que se transmiten en una sociedad con el paso del tiempo. "Se trata de aquellas costumbres y manifestaciones que cada sociedad considera valiosas y las mantiene para que sean aprendidas por las nuevas generaciones, como parte indispensable del legado cultural". Las tradiciones son acciones que se repiten cada determinado tiempo o situación, como el buscar huevos en pascua, vestir de negro en tiempos de luto, celebrar un cumpleaños con pastel, celebrar una fiesta religiosa o patria. Cada tradición se hereda socialmente, en su significado y forma de actuación, es parte de la identidad de los grupos, "el arte característico de un grupo social, con su música, sus danzas y sus cuentos, forma parte

de lo tradicional, al igual que la gastronomía y otras cuestiones". Los rituales, dichos populares, formas de alimentación, son parte de las tradiciones de una sociedad,
> Es importante destacar que, muchas veces, la tradición se asocia a una visión conservadora, ya que implica mantener intactos ciertos valores a lo largo del tiempo. En este sentido, las creencias de quienes no se interesan por las tradiciones de su tierra o que intentan cambiarlas suelen ser vistas como rupturistas.

Las tradiciones deben ser conservadas por los grupos, transmitiéndose en las familias, escuelas, e instituciones, sin embargo, con el tiempo se irán modificando y adecuando a los tiempos y momentos, pudiendo cambiar su expresión y esencia. Cada País tiene sus propias tradiciones, acordes a su cultura, algunos de los procesos tradicionales de mayor relevancia en el mundo son, en India, Nepal y Bangladesh se celebra el Festival de los colores o Holi al llegar la primavera, en el ritual religioso se llena de polvo de colores a los participantes y posteriormente se rocían de agua, de tal forma que sus cuerpos, sus ropas quedan pintados de colores. México es conocido por su tradicional celebración del día de muertos, también se le conoce como la fiesta de las animas, en la cual se cree que los espíritus de los seres queridos vuelven a la tierra durante esa noche para convivir con su familia, para ello se prepara un altar que contiene los platillos favoritos de cada difunto y sus fotografías. Durante la noche se canta y se hace oración por sus almas.

México es considerado por Programa de Educación Inicial (s/f), como un país con grandes riquezas culturales, entre ellas sus tradiciones que son una expresión de sus pueblos indígenas,
> valiosas experiencias que se transmiten de una generación a otra y trascienden de lo material a lo intangible a través de un vínculo entre el pasado y el presente, comunicando un sentido de pertenencia e identidad a las personas que conforman una comunidad.

Son varias las tradiciones mexicanas, cita el autor que se han denominado patrimonio cultural de un pueblo por la United Nations Educational, Scientific and Cultural Organization, UNESCO (2003),
> el patrimonio cultural hace referencia a todas aquellas expresiones materiales que representan identidad regional y también las manifestaciones intangibles tales como "[…] tradiciones orales, artes del espectáculo, usos sociales, rituales, actos festivos, conocimientos y prácticas relativos a la naturaleza y el universo, y saberes y técnicas vinculados a la artesanía tradicional.

Mediante la conservación de las tradiciones los pobladores jóvenes van conociendo y entendiendo su entorno, su cultura, su historia, además se fomenta la creatividad en la expresión de sus actuaciones, emociones, símbolos, entre otros. Es importante fomentar entre los niños la expresión de sus tradiciones que les permite insertarse en la cultura y el grupo, como ejemplo, la danza o música tradicional de su comunidad. Son las generaciones adultas las responsables de transmitir las prácticas culturales a las generaciones jóvenes. "Los niños reciben la herencia cultural de sus pueblos a través de la convivencia con los adultos, apropiándose así de los modos de vida de su comunidad", todos estos procesos de aprendizaje cultural se mantienen en evolución y se enriquecen con su transmisión generacional. El articulo cita textualmente que UNICEF (2003), considera que el "cambio y permanencia son dos caras de un mismo fenómeno. Ambos están presentes en nuestras sociedades sin que sean contradictorias."

Cada persona dentro del grupo social debe cumplir y desempeñar un rol que lleva a la transmisión de las tradiciones, los adultos mayores contribuyen con su conocimiento y experiencia, en algunas comunidades se consideran como sabios, los adultos jóvenes cuando tienen hijos son los encargados de socializar a los integrantes de su familia, enseñándoles a los niños los usos y costumbres, todo ello respecto a su pueblo y a otras comunidades. "Leer cuentos o historias, mirar fotografías del pasado o de otros sitios permitirá que los niños adquieran una conciencia de respeto hacia otros modos de vida".

Cuando los niños están inmersos en un contexto rico en tradiciones, tienen la oportunidad de relacionarse con los adultos de una manera única y especial, en algunos lugares escuchar relatos y cantos forma parte de la tradición oral; para los niños no hay regalo más interesante que conocer las voces de su pasado. De esta forma, las acciones que se entretejen alrededor de los actos festivos tradicionales involucran a todos los habitantes de una región en actividades de convivencia, acuerdo y participación colectiva, favoreciendo la construcción de relaciones interpersonales extensas y fuertes entre niños y adultos por igual.

Sawakinome (s/f), comparte en su artículo sus ideas sobre las costumbres sociales, considerando que tienen una diferencia con las normas sociales, para el autor todas las sociedades desarrollan una cultura que es compartida por su población, y se compone por valores, costumbres, tradiciones, normas, folklor, cada elemento tiene una función, "una norma puede entenderse como una práctica habitual o estándar, mientras que las costumbres pueden entenderse como reglas y convenciones de una sociedad". El autor cita a Harlambos (1981), quién expresa que una norma social es "una guía específica de acciones que definen un comportamiento aceptable y apropiado en situaciones particulares". Las normas son muy particulares de cada sociedad.

El autor considera la existencia de cuatro tipos de normas sociales, el folklore que incluye modos de vestir, danzas propias de una región, lenguaje, celebraciones, entre otros aspectos, los tabúes son temas o comportamientos secretos o prohibidos en una sociedad, las leyes que son normas con un fundamento legal y las costumbres que son normas molares que regulan el comportamiento. Las costumbres sociales se basan en los contextos sociales morales, "dictan lo que se considera un comportamiento moralmente correcto y ético. Señala lo que está bien y lo que está mal". El no acatar una costumbre puede llevar a un castigo, desde una multa hasta encarcelamiento. Algunas de las costumbres sociales se basan en creencias y reglas religiosas,

En su ensayo de sociología descriptiva González-Vicen (1991), considera que los usos sociales son todas las normas que indican el comportamiento que se debe observar en sociedad, sin embargo, cada individuo tiene la libertad de decidir si las cumple o no. Las reglas o normas pueden ser morales, cuando no implica un proceso legal y se cumple por respeto social, una de las razones por las que se cumplen las normas o los usos sociales, e para evitar una sanción, tanto las normas jurídicas como los usos sociales están encaminados a controlar los comportamientos sociales.

Gracias a los usos sociales se hace posible e incluso armoniosa la convivencia entre personas de distintas ideas religiosas o políticas o que sienten mutua aversión o antipatía; como son también los usos sociales los que ornan y dan cordialidad a determinados momentos señalados de la vida, ya regulados en sí por el Derecho, como son el bautizo, el matrimonio, el ascenso en la profesión o una distinción cualquiera.

Algunos autores consideran que el cumplimiento de los usos sociales es hasta cierto punto un mero cumplimiento social que no implica compromiso ni lazos emocionales al llevarlo a cabo, por ejemplo, "se estrecha la mano como si se sintiera afecto, se saluda como si se abrigara amistad, se hace una reverencia como si se tuviera respeto, se envía un obsequio como si se compartiera la alegría de la celebración". Debido a estos procesos superficiales de respeto, se considera que los usos sociales tienden a desaparecer, sin embargo, puede decirse que "la desaparición de los usos sociales traería consigo ineluctablemente un encrespamiento y una agudización radical de los enfrentamientos inevitables en una sociedad centrada confesadamente en la ganancia por la ganancia y en la acumulación indiscriminada de la riqueza".

Gaussens (2019), define los usos y costumbres como la practica social que se lleva a cabo para definir la organización política de las localidades rurales del sur de México. "Por primera vez en la historia legal del estado de Guerrero se organizaron elecciones por usos y costumbres y se retomó el camino abierto hace más de 20 años por el estado de Oaxaca en la mayoría de sus municipios". En la región de la costa chica del Estado de Guerrero, las familias basan su economía en la agricultura, "presentan una cultura basada en una matriz mesoamericana y se organizan en lo político mediante gobiernos tradicionales. A estos últimos son a los que se refieren los llamados usos y costumbres".

Los usos y costumbres son establecidos en cada comunidad, por lo que no existe un concepto valido para todas las situaciones. "La expresión en sí de usos y costumbres es polisémica. Presenta connotaciones ideológicas y no deja de ser fuente de confusión al inducir a pensar en un origen antiguo, local y puramente tradicional del poder". Las autoridades legales han buscado eliminar los usos y costumbres, anulando la autonomía política de la comunidad, sin embargo, es difícil "negar la complejidad de los sistemas comunitarios de gobierno, que no solamente representan modos sustantivos de elegir a las autoridades públicas, sino también de concebir y ejercer el poder político". Es un problema el tratar de empatar los sistemas actuales de gobierno a las formas acostumbradas de las comunidades indígenas, sin alterar sus tradiciones en las formas de gobierno.

Amnistía Internacional Argentina (2015), en su artículo Cultura y normas culturales menciona que las normas culturales son indispensables para establecer reglas de comportamiento sexual según el género de cada persona, "las culturas se componen de valores y creencias compartidos y las normas culturales son una serie de creencias sobre lo que es normal o adecuado para esa sociedad". En algunos casos se considera que es el comportamiento que se debe de presentar, porque siempre se ha hecho así. Es un hecho que las condiciones culturales evolucionan, las comunidades deben adaptarse a estos cambios, buscando que sean funcionales y prácticas para la época. La religión en una sociedad tiene influencia sobre las creencias y los comportamientos de las personas, en algunos casos la religión propone las formas de regulación del comportamiento sexual y la reproducción en sus feligreses.

La religión tiene sus propios sistemas de entender e interpretar el mundo, que pueden complementar o contradecir una cultura nacional o comunitaria concreta, y apoyar u oponerse a los principios y normas de derechos humanos. La religión ejerce en particular gran influencia en los valores de las personas: valores como el amor, la compasión, la comprensión y la caridad son elementos comunes en casi todas las religiones y culturas.

Existen normas culturales que establecen de acuerdo con las religiones los comportamientos de rol de género que deben presentar las personas.

3.4 Dinámica cultural

Según lo que expone la Dra. Portugal (2007), en toda la tierra existen diferentes grupos étnicos, lo que conforma una diversidad cultural, "la etnicidad de la voz griega tennos, que significa gente o nación, es decir, un grupo de personas que comparten características comunes, que les permiten identificarse como pertenecientes al mismo grupo y diferenciarse de otros". Cada sociedad tiene su propio idioma, formas de trabajo, comercio, vestido, alimentación, organización social, valores, normas, etc. "La Etnia es una agrupación natural de individuos de igual cultura que admite grupos raciales y organizaciones sociales variadas", las etnias son estudiadas por la Etnología que estudia las razas y pueblos, dándole explicación a la cultura.

Cada individuo tiene una identidad cultural que lo acerca a su grupo social en formas similares de comportamiento. "El idioma es uno de los pilares sobre los cuales se asienta la cultura, siendo en particular el vehículo de la adquisición y transmisión de la cosmovisión de los pueblos, de sus conocimientos y valores culturales". Mediante la comunicación se enriquecen las culturas, en ocasiones se presenta la convivencia sana y respetuosa entre las sociedades, esto se conoce como interculturalidad, En los últimos tiempos se ha promovido el acercamiento positivo entre las sociedades, se busca la equidad de género y la inclusión.

La interculturalidad es la comparación de las culturas por intermedio de los diversos idiomas y la traducción de los mismos lo que nos da una equiparación entre las costumbres y por ende entre las culturas permitiéndonos interactuar según lo que vamos aprendiendo vale decir interculturizándonos ya sea aportando ideas o suprimiendo las que no estén de acuerdo a nuestra forma de ver y vivir la vida nuestra percepción individual y colectiva, creando así una nueva cultura o una relación intercultural.

Para Collazos (s/f), la cultura es un sistema complicado que contiene un territorio geográfico y las personas que lo habitan, dentro de este espacio cada grupo puede adoptar normas y formas de comportamiento propias, incluso dentro de una cultura se forman o agrupan personas con ideas afines, se les denomina subculturas,

el que sea una subcultura no implica que tenga connotaciones negativas. Las subculturas son manifestaciones que distinguen a un segmento de la población. Suelen coexistir en armonía con la cultura general, pero no es extraño que ocurra lo contrario, que incorporen valores no aceptados a nivel de la sociedad global. Pero en general, aunque esto ocurra, coexisten sobre una base de entendimiento y cooperación, mínimamente pacífica y eso es así.

La forma de actuación de las subculturas puede ser pacífica, por ejemplo, personas vegetarianas, grupos de deportistas, seguidores de algún tipo de música (rockeros), pero en alguna circunstancia pueden generar conflicto, por ejemplo, un grupo de pandilleros, de migrantes, alguna religión. "Por muchos antagonismos que en el interior de una cultura podamos encontrar sus partes tienen que estar mínimamente integradas", para poder subsistir. Para ello es necesaria la organización y la convivencia armónica.

Todas las culturas son conjuntos dinámicos que tienen que adaptarse al medio físico y social y a las innovaciones de todo tipo, técnicas, de ideas, etc., que se producen, por ello no existen culturas que no cambien, las culturas son dinámicas, cambian, evolucionan. Aquellas que se resisten al cambio, las que no se adaptan a las innovaciones esas culturas tiene menos posibilidades de supervivencia, se aíslan y a menudo una cultura aislada desaparece.

Existen culturas que son muy flexibles y dinámicas, pero pueden ser más susceptibles a perder su raíz cultural y a adoptar características de otras culturas, más aún en los procesos como la globalización. Las culturas son dinámicas, cambiantes siempre tienden a evolucionar, algunas culturas son más conservadoras y el cambio es muy lento, pero otras cambian muy rápido. Los cambios culturales pueden darse por difusión o moda, como alguna tendencia al vestir, peinarse, hablar, etc. En la medida que se empieza a adoptar tendencias de otro grupo cultural, se presenta la perdida de la raíz cultural y se da el fenómeno de aculturación. La transmisión cultural se da por evolución, cuando se introducen otros elementos culturales de forma pausada, pero si son introducidos de forma rápida se revoluciona, esto lo observamos con los cambios tecnológicos que se actualizan día con día.

Hay una tendencia en creer que la propia cultura es la mejor, lo máximo, esto se denomina etnocentrismo, por ello se ven las demás culturas como pequeñas y sin importancia, Hitler era etnocéntrico, de esta tendencia se deriva el racismo y menosprecio de las otras razas o personas de otros estatus o países.

Cuando pretendemos acercarnos a una cultura diferente a la nuestra, debemos hacerlo con sumo respeto, intentando aproximarnos lo más objetivamente posible. Toda cultura tiene una razón de ser, permite a sus miembros a los individuos que participan en ella, cumplir determinadas funciones sociales y en la medida de eso, les permite sobrevivir, desarrollarse, relacionarse, tenemos que considerar que todas las culturas son respetables (aunque no necesariamente todos los valores culturales). En ese sentido, aparecen los valores universales de respeto y dignidad, todas las culturas, las mejores, son aquellas que permiten el mayor nivel de consenso entre sus miembros y el mayor grado de dignidad como valor esencial de su cultura.

Para entender una cultura es importante conocer su raíz, sus valores, adentrarse en sus formas y características, menciona Collazos (s/f), y argumenta que esto se conoce como relativismo cultural, existen ciertos procesos culturales que solo tienen sentido y significado dentro de su sociedad, por ejemplo, "en el islam los padres arreglan el matrimonio, al igual que ocurría no hace mucho en nuestra cultura, el casarse por amor es algo relativamente nuevo". Hay tribus que practican rituales de iniciación a la vida adulta donde se pone en riesgo la vida, sin embargo, ellos tienen una razón para llevarlos a cabo. El determinismo cultural nos indica como debemos de llevar a cabo nuestro comportamiento social,

Hay que reconocer la existencia de un amplio determinismo cultural, pero debemos dejar claro que no somos el resultado automático, directo, de lo que nuestra cultura, nos impone. Hay elementos culturales, por lo tanto, comportamientos individuales que no vienen dados por nuestra cultura, sino que forman parte de nuestra dotación biológica.

Al hablar de dinámica y diversidad cultural, según lo expone Rojas-Ruiz (2020), se engloban las sociedades en general. Cada cultura contiene códigos que contribuyen a el desenvolvimiento socia, por lo cual se establecen formas comunes de vestir, comer, forma de hablar, creencias, ideologías. En el transcurso diario de la sociedad se presenta el factor contracultura donde algunos ciudadanos se manifiestan en contra de los valores, tendencias y normas sociales, comúnmente la contracultura "hace referencia a un movimiento organizado o cuya acción puede afectar a muchas personas. La contracultura es la realización de sueños de un grupo social marginal". Estos grupos rebeldes han existido desde siempre, pero algunos movimientos como lo Hippies o Greenpeace, se han hecho notar por su permanencia, mientras actúan en contra de lo común y de las masas.

El autor considera que la aculturación es "el fenómeno de transformación y adaptación de sociedades que tienen contacto con otras culturas", lo cual se da por el contacto y convivencia entre las sociedades y se influyen mutuamente.

En 1936 la American Anthropological Association nombró una comisión para definir el termino de aculturación, esta comisión estaba formada por Redfield, Lintol y Hertskovits la cual definió a la aculturación como aquellos fenómenos que resultan cuando grupos de individuos de culturas diferentes entran en contacto continuo y de primera mano, con cambios subsecuentes en los patrones culturales originales de uno o de ambos grupos.

Para que una cultura pierda parte de sus raíces, es necesario que la otra u otras culturas la dominen en la imposición de ideas, reglas, costumbres y otros aspectos culturales. Al momento en que la sociedad cede ante la otra cultura y adopta sus formas, se pierde su esencia cultural. "La aculturación puede ocurrir de dos maneras, de forma violenta, en la cual puede haber armas involucradas, y de forma pacífica, la cual se logra a través del poder político y tecnológico de la cultura dominante". Por ejemplo, si se hace referencia a la colonización de un país, se llevó a cabo una aculturación de forma violenta, las personas que migran de su lugar de origen, tienen que aculturarse para adaptarse a la nueva forma de vida, algunos de ellos "pierden sus costumbres e incluso su idioma, a partir de la segunda generación".

El cambio cultural es algo inminente al mudarse a otra ciudad, comenta Vargas (s/f), de esta forma las personas se ven expuestas a una nueva cultura "que le representa ansiedad, confusión de valores y nuevas amenazas a su seguridad personal, provocándole un choque cultural". En estas circunstancias los individuos tendrán que conocer y entender la nueva cultura y sus formas, para poder adaptarse a ella. En un principio se sentirá o presentará un choque cultural, pero poco a poco se disminuirá ese sentimiento. El autor cita a Newstrom y Davis (1993), quienes definen la diversidad cultural como la "identificación, reconocimiento, apreciación y uso positivo de la rica variedad de diferencias entre la gente", Si bien es común encontrar comportamientos similares entre las culturas, existen diferencias entre ellas, que pueden ser pequeñas o enormes. Esta diversidad se presenta al mezclar diferentes culturas, sobre todo ahora en tiempos de la globalización.

Gutiérrez-Bossa (2009), cita el pensamiento de Sanabria (2008), quién expone qúe la no convergencia cultural, por medio de la transculturización se refiere a recibir y adoptar las formas culturales de otros grupos, la inculturación se presenta cuando se mezclan las culturas, enculturación que se conoce como el proceso por el cual la persona adquiere los usos, creencias, tradiciones, etc., de la sociedad en que vive o de la cultura con la que convive, o también se presenta la tan de moda hibridación cultural producto de la desculturación y de la adopción de otras culturas. "Entonces el apartarse de esta globalización, si los jóvenes no renuevan la historia de la humanidad, esta morirá". Como consecuencia de la hibridación cultural (mestizaje cultural), se da la desvalorización de la palabra y se ve sustituida por posturas y ademanes corporales o por emoticones virtuales. Estos fenómenos culturales dan lugar a las tribus urbanas, que son agrupaciones de individuos afines en sus gustos.

3.5 Comportamiento cultural en crisis sociales

En la mayoría de los lugares del mundo se presentan situaciones críticas de manera intempestiva, Pinedo (2012), considera que la forma de reacción de las personas ante una emergencia puede ser de mucho riesgo o ayudar a la solución del problema, el autor en su artículo se enfoca a exponer las formas de actuación y toma de decisión que se tiene presentan ante estos sucesos (ver cuadro No. 2). "La incertidumbre, inmediatez del riesgo y noción de sus efectos sobre uno mismo son tres elementos que determinan decisivamente la gradación de las reacciones humanas ante un peligro". La psicología y la neurología han realizado algunas observaciones respecto a las formas de reacción de los individuos ante una crisis, los teóricos de estas áreas del conocimiento argumentan que "el cerebro humano está mal equipado para evaluar la incertidumbre. Reacciona por tanto con alarma ante contingencias extraordinarias, pero se relaja ante riesgos que controla".

La angustia viene cuando se evalúa el suceso y se considera la cercanía o distancia, el tiempo en que llegará, y como se percibe que puede afectar a cada individuo o comunidad. El autor cita textualmente que Sigmund Freud (1894), "acuñó el término Realangst para definir la angustia ante un peligro exterior que constituye para el individuo una amenaza real". La experiencia muestra que la evolución de la crisis se ve afectada por las decisiones que se tomen, lo cual puede resultar benéfico o perjudicial, en cuyo caso puede tornarse inmanejable. "Son recurrentes las denuncias sobre reacciones tardías, activación de alertas más allá de un plazo razonable, retraso del aviso a las autoridades o carencia de información a los afectados en los primeros momentos del suceso". Desafortunadamente la actitud de apatía o poco interés de los responsables pueden afectar la percepción de peligro.

Cuadro No. 2. La conducta humana antes situaciones de emergencia: análisis de proceso en la conducta individual

ACTITUD	PERFILES	CONSECUENCIAS
Confiada	La persona percibe un riesgo lejano, que no amenaza a su propia seguridad, y actúa minimizando el problema, buscando individualmente una solución y pensando más en cómo será valorada su iniciativa en la dirección que en sus posibles efectos sobre terceros.	La información no llega a otros responsables, o lo hace con retraso. Acciones usualmente fuera del procedimiento. Genera daños colaterales por la falta de empatía con los afectados. Agravamiento del problema.
Dubitativa	La persona no es capaz de situar el riesgo en su contexto ni de valorar su gravedad potencial. Ante las dudas, acomoda su reacción a experiencias pasadas que le dan seguridad, descontextualizando así el problema, o se refugia en la pasividad: "mejor no hacer nada que cometer un error".	El flujo de información es lento, al pasar por el filtro de quien debe dar la alerta. Se minimizan los daños. Se oculta información: se tapan las posibles culpas / negligencias, lo que impide tratar el problema adecuadamente
Audaz	La persona se enfrenta abiertamente al problema, sin contar con el resto de la organización. Toma decisiones según sus propios criterios. Cree en soluciones a corto plazo y no plantea una estrategia a largo.	Fluye información tergiversada, adaptada a la visión del "audaz". Puede exagerar o relativizar el problema según sus propios criterios. Aunque las acciones pueden ajustarse a los procedimientos, se toman sin consenso. La falta de rigor agrava el riesgo y complica su solución.
Medrosa	La persona se atrinchera, no afronta el problema. Tiende a ocultarlo o a tergiversarlo. Piensa más en las consecuencias sobre su persona o la organización (molestias a la dirección, petición de responsabilidades…) que en los efectos del problema.	La información no llega a los responsables en tiempo y forma. Pueden producirse retrasos serios que agravan el problema. Se ocultan errores o negligencias. La acción es insuficiente en los primeros momentos: se descuidan medidas por miedo a que puedan alertar al resto de la organización.
Hiperbólica	La persona tienda a exagerar lo sucedido, bien por afán de protagonismo, bien por no saber manejarse ante la incertidumbre. Su alerta es desmesurada, y exige la movilización general de la organización.	La información fluye con rapidez, a veces excesiva, pero no es precisa. Se provoca la movilización de recursos de la organización sin causa que lo justifique. Crea sensación de alarma interna y externamente. Peligro de sobreactuación en la crisis.
Corporativa	La persona antepone los intereses de la organización a cualquier otro, incluidos los de los afectados. Actúa para proteger el negocio. Justifica lo sucedido. Pone el foco del problema fuera de su ámbito de responsabilidad o en el exterior.	Fluye información tergiversada, ajustada a la defensa corporativa. Se altera la realidad de los hechos para adaptarlo a los intereses propios. Falta de transparencia; ocultación. La evolución, positiva o negativa, de una situación de crisis está directamente relacionada con las decisiones que se adopten desde su origen y hasta su resolución.

Fuente: Instituto Nacional de Seguridad e Higiene en el Trabajo

Pinedo (2012), menciona un estudio que indica que "si describimos las reacciones más generalizadas, se puede decir que, durante el período de impacto, el 10-25% de las personas permanecen unidas y en calma, estudian un plan de acción y posibilidades; el

75% manifiesta conducta desordenada, desconcierto, y entre el 10-25% muestran confusión, ansiedad, paralización, gritos histéricos y pánico. Es importante que se fomente la cultura de la crisis en las organizaciones, de tal forma que se puedan minimizar los efectos negativos al reaccionar correcta y oportunamente y tomar las decisiones acertadas.

Cultura de la crisis significa que los empleados y directivos son conscientes de los riesgos asociados a su actividad y de las consecuencias que para el propio negocio y su reputación tiene un mal manejo de los problemas. A partir de esto, asumen como algo propio la gestión de las incidencias, respetan los protocolos y superponen el interés común de la organización a los suyos particulares.

Al reducir o eliminar la incertidumbre se disminuye el miedo, ya que el individuo considera que se actúa con certeza y en un ambiente más seguro, para ello es necesario establecer protocolos claros y accesibles que representen las diferentes situaciones que pudieran presentarse, ejemplo de ello son los simulacros y los manuales de crisis, sin embargo, por muy detallado que sea el manual de crisis, la interpretación que se haga de el está sujeta a valoraciones y decisiones personales. El autor presenta estas recomendaciones que se citan textualmente:

a) Identifiquen los factores que se puedan presentar.
b) Marquen criterios homogéneos para el diagnóstico del problema y su posible agravamiento, en función de las diferentes situaciones que pueden darse durante el proceso de una crisis: nivel de información pública existente, intervención o no de terceros, existencia de daños o víctimas, implicaciones legales o regulatorias consecuentes, etc.
c) Fijen los niveles de actuación adecuados para cada incidencia: quién y cómo se moviliza; con qué medios se ha de contar; a quién se informa en segunda instancia…
d) Dirijan las alertas a los responsables de la organización automáticamente y de forma inmediata, rápida y eficaz.

El autor concluye que es conveniente la actitud de prevención, ya que, si se tiene un protocolo previo de actuación, se puede ganar tiempo en la solución del problema…

detrás de cada aviso tardío, de cada información incorrecta o falsa, de cada elusión de responsabilidades, está una persona que siente temor ante la amenaza y orienta su decisión a disminuir los riesgos que afectan directamente a su posición, a su empleo o a su imagen en la organización. El miedo, otra vez.

Marketing Digital Maad Chile (2018), en su artículo el comportamiento humano durante y después de una crisis, consideran que el proceso de crisis se compone de dos partes, una durante el evento y otra al pasar la crisis. Es muy complicado enseñar y aprender cómo actuar en caso de crisis, por lo cual no se puede predecir el comportamiento de los sujetos, sin embargo, se puede tratar de predecir las posibles situaciones amenazantes que pudieran presentarse e implementar protocolos de evacuación y actuación ante cada circunstancia, así como la atención psicológica para las víctimas.

No obstante, en muchas ocasiones algún tipo de estrés posterior es gatillado por el comportamiento tanto individual como colectivo durante la crisis misma. Pero también se tienen que tener presente los factores contextuales, ambientales el tipo de siniestro y por supuesto que los factores personales de detonación crítica.

Es imperante que se fomente una cultura y comportamiento de prevención de riesgos y situaciones de peligro, accidentes, con el fin de que las personas manejen adecuadamente el momento de la crisis y los efectos postraumáticos. "Si se quiere ser más extremo, se puede moldear las conductas o actitudes en caso de un siniestro, a través de la cultura de prevención, clima de seguridad y de la gestión de personas". Actualmente se han implementado los simulacros en las grandes ciudades, para establecer los protocolos de evacuación de edificios, escuelas, empresas, en casos de siniestros (incendios, terremotos, inundaciones, etc.), de esta forma se busca disminuir el estrés en las personas implicadas.

3.6 Impacto de las redes sociales en las formas de vida social, (aislamiento social)

Grande (2019), expone que los patrones culturales son universales, todas las sociedades desarrollan sus propias formas de actuación, creencias, ideologías, lo cual se denomina cultura,

> Estos patrones sirven de sistema de orientación y se construyen mediante símbolos, como la lengua, la vestimenta o la manera de saludar. En este sentido, es posible encontrar subtipos de cultura en función de determinados factores que condicionan el comportamiento de quienes están inmersos en ella.

La autora presenta algunos de los subtipos de cultura, entre ellos está la paracultura, que es la sociedad en la que están inmersas las personas, que tiene normas, es la que establece las referencias de actuación aceptadas por el grupo, estos pueden constituirse por regionalismos o característicos de un país. Otro subtipo es la diacultura, esta hace referencia a situaciones extremas, por ejemplo, la ideología o cultura de un grupo específico, como un grupo de contracultura. El tercer subtipo es la idiocultura que es la representación cultural de un individuo con características específicas, como el ser vegano, ecologista, etc. Según el grupo cultural al que se pertenece, se puede determinar cierto comportamiento que el individuo puede presentar. Los teóricos afirman que existen ciertas similitudes en la mayoría de las culturas, pero cada una tiene sus propias formas.

> Los seres humanos necesitamos organizar las pautas de comportamiento de los demás. Para ello utilizamos los estereotipos. Estos defienden que merece la pena realizar una comparación de culturas. Así, se enfatizan aspectos comunes, ya que las culturas constituyen respuestas distintas a las mismas cuestiones esenciales de la vida del ser humano.

Existe un punto donde se cruzan las distintas formas culturales de dos individuos, se le conoce como interculturalidad, puede ser en armonía o representar un problema de comunicación y entendimiento.

> La cultura influye en las relaciones sociales, así como forma parte de nuestras vidas y del día a día. Entender lo bello de la diversidad cultural es uno de los pasos más importantes que puede dar el ser humano a la hora de mejorar la convivencia en sociedad. En definitiva, para evitar el conflicto al encontrarnos con culturas distintas, hemos de ser conscientes de la superposición cultural. Lo que se resume en no juzgar, documentarse, reflexionar y abordar la interacción con empatía.

Santillan (s/f), considera que las plataformas virtuales han establecido nuevas maneras de convivencia humana, han cambiado los procesos políticos, las formas de negocio, la educación, pero sobre todo la difusión de información. "Algunos estudios han demostrado que el uso excesivo de las redes sociales puede generar conductas adictivas hacia éstas y promover aspectos negativos como el bullying el cibersexo, el robo de información y de identidades, entre otros". La mayoría de las actividades cotidianas se han visto afectadas y modificadas por el impacto del internet, las redes sociales como Facebook, Twitter y Linkedin, son dominantes en el quehacer diario tanto personal como laboral.

La autora cita que:

> La maestra Yolanda Bernal Álvarez, de la Facultad de Psicología de la UNAM, explicó que esta expansión de Internet y las redes sociales tiene efectos positivos y negativos. Entre estos últimos señaló que algunas personas dedican mucho tiempo a la conexión a la Web y pueden priorizar esta actividad incluso por encima de sus actividades personales, familiares y hasta laborales.

Puede ser que el interactuar por medio de un aparato electrónico, ayude a las personas a vencer su timidez y les facilite el comunicarse con otras personas, sin embargo, es probable que se falsee toda la información que se proporciona, distorsionando la realidad.

Académicamente el internet ha proporcionado herramientas ideales para la obtención de la información, incrementando la posibilidad de tener elementos de análisis.

La utilización del internet se observa cada vez en más personas de todas las edades, se ha visto que es parte esencial de la vida moderna, como el uso del celular, "hay que reconocer el impacto positivo en aspectos educativos y el desarrollo del conocimiento, pero hay que tener cuidado de que estas redes afecten la vida de las personas y las alejen de su espacio social, concluyó". La autora presenta algunos datos del tiempo que dedica la población mexicana al uso del internet, son 301 minutos de conexión al día, sobre todo en las redes sociales. Se debe tener cuidado, ya que el abuso de la utilización de las redes sociales puede volverse una adicción,

> cuando un sujeto no tiene control sobre el tiempo que dedica a estar conectado, es cuando se considera una adicción, porque ha alterado otras esferas de su vida; está afectando aspectos de su comportamiento, de su pensamiento y de sus relaciones emocionales y sociales.

Existen tratamientos especializados para esta adicción, se trata de encontrar la principal razón de estar todo el tiempo conectado a la red social, y por lo general se debe a problemas sociales o afectivos. "Existen grupos donde los sujetos intercambian experiencias y tratan de fortalecer las redes sociales con su familia y entorno, con el fin de romper ese aislamiento general en el que se ven inmersos". En México existen más de 50 millones de usuarios de internet, que lo utilizan para enviar correos, buscar información y las redes sociales. El celular ha propiciado que el acceso a las redes sociales sea más fácil y con un costo relativamente bajo, "nueve de cada 10 internautas mexicanos tienen acceso a alguna red social como Facebook o Twitter. Además, 47% de quienes lo hacen siguen marcas comerciales anunciadas en las mismas".

Ejercicios del Capítulo 3

I. Número de práctica: 1 II. Nombre: Cuadro comparativo del comportamiento entre dos culturas.

III. Competencia(s) a desarrollar:
  ✓ Capacidad de organizar y planificar.
  ✓ Habilidad de buscar y analizar información proveniente de fuentes diversas.

IV. Introducción: El alumno realizará un análisis amplio de las formas de comportamiento de dos culturas. Con la información obtenida se realizará un cuadro comparativo que le permitirá visualizar gráficamente las similitudes y/o diferencias entre las dos culturas.
V. Medidas de seguridad e higiene: 1.   Se requiere de mobiliario escolar, dónde el alumno pueda trabajar de manera individual, en una forma segura y cómoda. 2.   Se requiere de espacio suficiente en el aula, para poder movilizar el mobiliario y trabajar en equipos.
VI. Material y equipo necesario: Información teórica y cultural, hojas tamaño carta, lápiz, pluma, regla, colores (opcionales)

VII. Metodología:
- ✓ Previo al ejercicio, el docente se asegurará de que el alumno conozca ampliamente la información teórica respecto a las culturas y sus determinantes.
- ✓ El cuadro comparativo es una forma de organizar gráficamente la información en cuestión, resaltando las semejanzas o diferencias entre los aspectos contenidos.
- ✓ Generalmente se presenta en forma de tabla, donde cada columna contiene los elementos teóricos necesarios o requeridos.
- ✓ Tiempo 50 minutos.

VIII. Pasos a seguir:
1. Determinar la información teórica a utilizar.
2. Explicar a los alumnos que el objetivo del ejercicio es reforzar el conocimiento teórico.
3. Determinar los aspectos, características o puntos a comparar.
4. Elaborar una Tabla de contenido señalando los elementos principales que resaltan en cada concepto.
5. Vaciar de manera personal, los datos correspondientes a cada concepto.
6. Comparar la información con sus compañeros de grupo, trabajando en equipos de 4 o 5 personas.
7. Tiempo de duración de 50 a 60 minutos.
8. Conclusión, comentar voluntariamente el sentimiento personal que generó el ejercicio práctico.

Ejemplo:

Factor determinante de la cultura	Cultura 1	Cultura 2
Normas culturales		
Formas de vida		
Vivienda		
Formas de trabajo		
Economía		
Sistema de gobierno		
Creencias		
Lenguaje		
Vestido		
Transporte		

IX. Sugerencias didácticas.
- ✓ Propiciar actividades de búsqueda, selección y análisis de información en distintas fuentes.
- ✓ Propiciar, en el estudiante, el desarrollo de actividades intelectuales de inducción-deducción y análisis-síntesis, las cuales lo encaminan hacia la investigación, la aplicación de conocimientos y la solución de problemas.
- ✓ Propiciar el uso adecuado de conceptos y de terminología de las áreas del desarrollo humano.

X. Reporte del alumno (discusión de resultados y conclusiones).

XI. Bibliografía (emplear formato APA)

Educa y crea, 2012, Cuadro comparativo, definición y ejemplos, EDUCAYCREA.com, México.   http://www.educaycrea.com/2012/12/cuadro-comparativo/

Utel University, 2016, Cuadro comparativo, Utel University en asociación con PEARSON, México.
http://gc.initelabs.com/recursos/files/r162r/w18141w/cuadro_comparativo.pdf

| I. Número de práctica: 2 |
| II. Nombre: Desglose de la organización cultural de una sociedad. |
| III. Competencia(s) a desarrollar:
✓ Capacidad de organizar y planificar.
✓ Habilidad de buscar y analizar información proveniente de fuentes diversas. |
| IV. Introducción:
El alumno realizará una investigación de los elementos de organización cultural de una sociedad y un análisis amplio de la organización cultural. Con la información obtenida se realizará una tabla desglosando los elementos que le permitirá visualizar gráficamente los rasgos, complejos e institución cultual.
Una tabla es una herramienta de organización de información, está compuesta por filas horizontales y columnas verticales, en las cuales se desglosan los elementos a analizar. |
| V. Medidas de seguridad e higiene:
1.   Se requiere de mobiliario escolar, dónde el alumno pueda trabajar de manera individual, en una forma segura y cómoda.
2.   Se requiere de espacio suficiente en el aula, para poder movilizar el mobiliario y trabajar en equipos. |
| VI. Material y equipo necesario:
Información teórica y representativa de una cultura, hojas tamaño carta, lápiz, pluma, regla, colores (opcionales) |

VII. Metodología:
- ✓ Previo al ejercicio, el docente se asegurará de que el alumno conozca ampliamente la información teórica respecto a los elementos de una organización cultural y sus determinantes.
- ✓ La tabla es una forma de organizar gráficamente la información en cuestión, resaltando los elementos que forman la organización cultual de una sociedad.
- ✓ En las tablas de información o cuadro comparativo hay columnas, donde se suelen poner los temas, y filas, en donde se indican los aspectos a evaluar. Son muy útiles a la hora de indicar las ventajas y desventajas de dos o más ideas, o aquellos aspectos que tienen en común y en qué difieren.
- ✓ Generalmente la presentación en forma de tabla se compone de columnas donde cada una contiene los elementos teóricos necesarios o requeridos.
- ✓ Tiempo 50 minutos.

VIII. Pasos a seguir:
9. Determinar la información teórica a utilizar.
10. Explicar a los alumnos que el objetivo del ejercicio es reforzar el conocimiento teórico.
11. Determinar los aspectos, características o puntos a desglosar.
12. Elaborar una Tabla de contenido señalando los elementos principales que resaltan en cada concepto.
13. Vaciar de manera personal, los datos correspondientes a cada concepto.
14. Comparar la información con sus compañeros de grupo, trabajando en equipos de 4 o 5 personas.

15. Tiempo de duración de 50 a 60 minutos.
16. Conclusión, comentar voluntariamente el sentimiento personal que generó el ejercicio práctico.

Ejemplo:

Cultura a analizar										
Institución cultural										
Complejo cultural	Alimento	Vestido	Idioma	Formas de trabajo	Vivienda	Gobierno	Transporte	Creencias	Rituales	Educación
Rasgos culturales										

IX. Sugerencias didácticas.

✓ Propiciar actividades de búsqueda, selección y análisis de información en distintas fuentes.

✓ Propiciar, en el estudiante, el desarrollo de actividades intelectuales de inducción-deducción y análisis-síntesis, las cuales lo encaminan hacia la investigación, la aplicación de conocimientos y la solución de problemas.

✓ Propiciar el uso adecuado de conceptos y de terminología de las áreas del desarrollo humano.

X. Reporte del alumno (discusión de resultados y conclusiones).

XI. Bibliografía (emplear formato APA)

Definición de tabla, soso, definición de tabla, definicionabc, Diccionario Online. https://www.definicionabc.com/tecnologia/tabla.php#:~:text=Una%20tabla%20es%20una%20herramienta%20de%20organizaci%C3%B3n%20de,organiz%C3%A1ndolos%20y%20poni%C3%A9ndolos%20en%20relaci%C3%B3n%20de%20diversas%20maneras.

Montagud N., 2020, Organizadores gráficos: tipos, características y ejemplos: Un resumen de los tipos de organizadores gráficos usados en educación o en formación, Psicología y mente, España. https://psicologiaymente.com/miscelanea/organizadores-graficos

CAPITULO 4 COMPORTAMIENTO SOCIAL EN LA ORGANIZACIÓN

El comportamiento social nace de la naturaleza humana bio-psico-social, la influencia de estos tres factores es lo que determina las formas de actuación de los individuos, respecto a esto menciona Carrillo (s/f), que "el comportamiento social es el resultado de la fusión entre las características genéticas (ADN) y los factores del medio ambiente que rodean a los individuos". El factor social es responsable de influir el comportamiento humano en gran parte de su vida, los grupos son determinantes de la forma en que las personas actúan. El autor conceptualiza el comportamiento social como "el conjunto de disposiciones conductuales en los que hay una gran influencia de las interacciones sociales".

Existen varias teorías que explican la raíz de este comportamiento, la teoría de la influencia social, considera que la influencia social es un proceso psicológico-social donde se analiza la influencia reciproca entre los individuos de un grupo, "en este proceso se tienen en cuenta factores como la persuasión, la conformidad social, la aceptación social y la obediencia social", actualmente se observa que por medio de las redes sociales han surgido personas denominados influencers que son seguidos por los usuarios y copian sus comportamientos, formas de hablar, vestir, peinar, etc.

Dicha influencia puede ser de dos tipos, la influencia informativa sucede cuando una persona cambia de pensamiento o comportamiento porque cree que la postura del otro es más correcta que la propia. Esto quiere decir que hay un proceso de conversión. La influencia normativa se da cuando una persona no está del todo convencida por la postura del otro y, sin embargo, por querer ser aceptada por los demás, termina actuando en contra de sus propias creencias.

El autor menciona que la teoría del condicionamiento clásico propuesta por Iván Pavlov (1904), "afirma que a un estímulo le corresponde una respuesta innata, pero sostiene que, si ese estímulo es asociado a otros eventos, podemos obtener un comportamiento diferente". En la teoría del aprendizaje vicario propuesta por Albert Bandura (1977), citado por el autor, se contempla el aprendizaje social que las personas tienen mediante la convivencia diaria con otros individuos, esto se da por la imitación de los comportamientos realizados por un individuo que se considera modelo a seguir, en los primeros años de vida de una persona, los padres, amigos y profesores serán los modelos básicos para imitar. Por último, el autor expone que la teoría sociocultural planteada por Vigotsky (1913), contempla la interacción de los niños y jóvenes con su medio ambiente, el cual influye en el resultado de sus comportamientos. "Las actividades que realizan de forma conjunta brindan a los niños la posibilidad de internalizar las formas de pensamiento y comportamiento de la sociedad donde se encuentran, adaptándolas como propias".

Gutiérrez y Gutiérrez (2019), citan las definiciones de varios autores, entre ellos Méndez, Zorrilla y Monroy (1994), que mencionan que los grupos son formas de convivencia social con vida propia e independiente, se organizan para subsistir, otros autores, citados con sus definiciones de grupo son Cohen (1980), lo define como "cualquier número de personas que interactúan entre sí y que comparten una conciencia de pertenencia o afiliación, basada en expectaciones de conducta comunes", Whittaker (1984), para él, el grupo es una unidad social compuesta por varias personas que comparten una motivación, estatus, roles y normas sociales que controlan la conducta. Desde el punto de vista de la sociología, Kreitner y Kinicki (2009 y 2012), lo definen como dos o más personas interactuando libremente con normas compartidas y una identidad común, de manera muy similar, Robbins (1995, 1999, 2004 y 2009), lo define como dos o más personas que interactúan, son interdependientes y se unieron para alcanzar objetivos particulares.

Mientras que Morales y cols., (2007), consideran a los grupos como entidades únicas que muestran pautas sistemáticas y organizadas de conducta en un plano colectivo e individual. Los grupos presentan procesos psicológicos como pensar, ver, recordar, planear, etc. Gutiérrez y Gutiérrez (2019), citan que para French y Bell (1995), organizacionalmente, el grupo de trabajo se define como un determinado número de personas que por lo general se reportan con un superior, tienen una interacción directa, hay interdependencia en el desempeño de la tarea y pretenden alcanzar metas para la organización. Para Gordon (1997 y 2001), el grupo de trabajo incluye dos o más personas dentro de un entorno laboral y de alguna manera colaboran para alcanzar metas del grupo y de la organización.

4.1 Tipología de los grupos

La Enciclopedia de clasificaciones (2017), define grupo como la unión de dos personas o más que interactúan entre ellos mediante la consecución de un objetivo en común al menos, presenta algunos tipos de grupos, los primarios tienen una convivencia directa y cercana entre los miembros del grupo, se presentan "lazos afectivos, compromiso y solidaridad". Generalmente están formados por pocas personas que participan en el grupo de manera voluntaria e irremplazable, ejemplo de ellos son la familia, los amigos. Los grupos secundarios están compuestos por varias personas, los une un objetivo común, no necesariamente interactúan sus integrantes entre ellos, carecen de lazos afectivos, existen reglas y estatutos que regulan sus comportamientos, dentro del grupo secundario se pueden formar pequeños grupos primarios. Un ejemplo de los grupos secundarios es una empresa u organización que tiene como objetivo dar un servicio o producir algún bien.

Entre las personas también surgen grupos de referencia, que se utilizan como comparación para realizar la evaluación de algún comportamiento o situación, "a través de los grupos de referencia, las personas internalizan y toman como propias a las reglas y creencias del grupo". Los individuos forman parte de los grupos de pertenencia, que son aquellos que lo reconocen como integrante, por ejemplo, ser parte de algún grupo religioso, de algún equipo deportivo los cuales funcionan con sus propias reglas. Hay grupos denominados formales, ya que cuentan con una organización, estructura, reglamentos, tienen una función bien definida, son creados para alcanzar un fin y pueden tener permanencia en el tiempo definida o indefinida. También existen los grupos informales que surgen por la convivencia o amistad entre las personas, generalmente existe compañerismo entre ellos, carecen de estructura y de objetivos a lograr. Algunos grupos son abiertos a todo el mundo o tienen limitado o restringido el acceso, en ocasiones los grupos se forman solo para lograr un objetivo y una vez alcanzado estos desaparecen o pueden permanecer por tiempo indefinido.

El Instituto de certificación empresarial de México ICEMéxico, en su artículo Tipos y Características de los Grupos (s/f), expone una clasificación de los tipos de grupo y sus características, ver cuadro No 3.

Cuadro No. 3   Tipos de grupos

1. Formal	Es definido por la empresa o institución y tiene asignado un objetivo específico e incluso una estructura determinada.
2. Informal	Son alianzas que se crean por las relaciones cotidianas.
3. De Mando	Son las personas que toman decisiones y que rinden cuentas directamente al jefe, si es el caso.
4. De Trabajo o Tarea	Son un conjunto de personas que tienen asignada una comisión específica dentro de la estructura de la empresa o institución.
5. De Interés	Son un conjunto de personas que se reúnen informalmente por compartir un interés común.
6. De Amistad	Son las personas que se reúnen para convivir como fin.
7. Abiertos/Cerrados	Un grupo es abierto en la medida en que permite el acceso libre de miembros o cerrado si restringe el mismo.
8. Naturales/Artificiales	Un grupo es natural si se forma por el interés de sus miembros y es artificial si es formado por orden o planeación de alguien externo.

Fuente: El Instituto de certificación empresarial de México ICEMéxico, (s/f).

Entre las característica de los grupos según el Instituto de certificación empresarial de México, todos los grupos pasan por un proceso histórico, hay un orden en las aportaciones o participaciones de los integrantes, existen roles y funciones definidos y establecen sus formas de comunicación así como códigos o claves propias del grupo, entre los integrantes puede existir un alto grado de unidad o pueden tener vínculos débiles entre ellos, también se presenta un ambiente de relación que puede ser agradable, con fuerza emocional o un ambiente frio y distante, por lo general se establecen reglas o normas que se cumplen la mayor parte del tiempo. En los grupos se presenta una estructura que puede ser formal o informal, existen personas dentro del grupo que son aceptadas por todos y se consideran con influencia sobre los demás, pero también existen personas con pocos contactos o aisladas. Dicha estructura determina los procedimiento y metas que cada grupo establece,

Gutiérrez y Gutiérrez (2019), citan que según Méndez y cols., (1996), la sociología establece una clasificación general con dos tipos de grupo, los primarios que se consideran con una relación afectiva y un contacto cara a cara frecuente, entre ellos están la familia y los amigos, mientras que los grupos de tipo secundario, no tienen relaciones afectivas, son más numerosos, carecen de contacto frecuente y directo, entre estos grupos se encuentran los diferentes departamentos de las organizaciones, los sindicatos, los militantes de un partido político, etc. Dentro de los grupos primarios y secundarios se pueden presentar varios tipos de grupos, según las características y el desempeño que tenga el sujeto en él, Méndez y cols., presentan un cuadro con la clasificación de los grupos hecha por varios autores, la cual incluye diferentes modalidades de grupo en diferentes planos, como el social, organizacional, familiar, etc., que muestran algunas de sus formas y características, ver cuadro No. 4.

Cuadro No. 4   Clasificación de los grupos

AUTOR	TIPO	DEFINICIÓN
Bruce J. Cohen, 1980	1.-Voluntarios	1.-El individuo puede elegir su pertenencia, por ejemplo, religión, partido político, escuela, organización, etc.
	2.-Involuntarios o coercitivos	2.- El individuo está obligado a pertenecer a el
James O. Wittaker, 1984	1.-Formales	1.-Presentan jerarquía de funciones especificas
	2.-Informales	2.-No tienen funcionarios, ni códigos de conducta y las funciones no están definidas
	3.-Grandes y pequeños	3.-Su composición depende del número de miembros
Didier Anzieu y J. Martín, 1980	1.-Muchedumbre	1.-Reunión de un gran número de individuos en un mismo lugar con un fin común, como una manifestación o un concierto, la gente en la playa
	2.-Banda	2.-Reunión voluntaria de los individuos con intereses similares, ej. comité de vecinos pro-pavimento
	3.-Agrupamiento	3.-Reunión a intervalos de personas con relativa permanencia de los objetivos, ej. Comité escolar
Jhon y Vavis Biezanz, 1969	1.-Pequeños	1.-Familia
	2.-Grandes	2.-Empresa, ejercito
William Ogburn, 1961	1.- Educativos	1.-Escuelas
	2.-Religiosos	2.-Confines místicos
	3.-Recreativos	3.-Diversión
	4.-Políticos	4.-Partidos políticos
	5.-Económicos	5.-Con fines de lucro
Ferdinand Toennies, 1982	1.-Gemeinschafr o comunidad	1.-Vínculos interpersonales, cooperación y confianza mutua
	2.-Gesellschaft o sociedad	2.-Competencia, interés propio, progreso y especialización
Luis Ricasens, 1956	1.-Primarios y secundarios	1.-Por la proximidad entre los miembros
	2.-Interindividuales	2.-Se respeta la individualidad y sentimientos de los integrantes, ej. grupo de terapia
	3.-Colectivos	3.-Reunión de trabajo con un fin común, por ejemplo, junta de vecinos
	4.-Pasajeros	4.-Se reúnen una sola vez por casualidad, ej. en un siniestro, aficionados a un deporte
	5.-Permanentes	5.-Son constantes y relativamente duraderos
	6.-No institucionalizado	6.-Carecen de normas y reglamentos estrictos, ej. las clases sociales
	7.-Institucionalizado	7.-Agrupación que cuenta con estructura y organización de funciones, por ejemplo, un banco

Fuente: Méndez, Zorrilla y Monroy, 1994, Dinámica social de las Organizaciones, McGraw Hill

Robbins (1995, 1999, 2004 y 2009) y Kreitner y Kinicki (2009 y 2012), separan los grupos en dos tipos, los formales que definen la estructura de la organización, mediante la asignación de trabajo en las que se establecen metas a lograr, como serían las diferentes áreas dentro de la organización que tienen objetivos específicos a cumplir; mientras que los grupos informales carecen de estructura, son espontáneos y de formación voluntaria, como los amigos. Gordon (1997), presenta una clasificación de los tipos de grupo de trabajo, incluye los formales e informales que los define de igual manera que Robbins (1995, 1999, 2004 y 2009), otra clasificación sería los grupos administrados de forma tradicional y los autodirigidos, donde los primeros tienen un responsable directo de la función que el grupo desempeña, quién ejerce autoridad sobre la conducta de los subordinados. En los grupos autodirigidos, por el contrario, la responsabilidad recae en el grupo, son activos, dinámicos, todos comparten el control de la función a desempeñar.

El autor considera que los grupos de trabajo en la organización pueden ser de tipo permanente o temporal, donde la diferencia radica en la permanencia juntos al desarrollar las actividades, la cual está determinada por el tipo de función y la estructura de la organización, por lo tanto, los permanentes, son constantes y estables, mientras que los temporales son creados con un fin específico que, al lograrlo, desaparece el grupo. Las condiciones actuales forzan a la organización a integrar grupos de trabajo multifuncionales, que son formados por integrantes de diferentes especialidades, para poder enfrentar los retos organizacionales creados por la incertidumbre de las condiciones ambientales, económicas, políticas y sociales, desde diferentes ángulos.

4.2 Factores que determinan la formación de los grupos y su eficiencia en la organización

Las organizaciones están compuestas por grupos de personas que hacen equipo para realizar sus labores y alcanzar los objetivos, expone García-González (2000), que la formación de un grupo pasa por cuatro etapas:

a) En la primer etapa o iniciación se empieza a formar el grupo o equipo, algunos de los integrantes no se conocen, se presenta incertidumbre, hay poca cohesión colaboración, la comunicación es escasa, quizá surja un líder entre ellos, las características personales resaltan según la forma en que cada uno se conduce. Se inicia con la asignación de roles y aun no se cuenta con un sentido de pertenencia, en algunos casos se puede presentar inconformidad o descontento.

b) La segunda etapa o desarrollo se caracteriza por que se da la integración del grupo o equipo, surge la organización de las actividades, se asignan funciones definidas, el líder ejerce influencia, aún pueden presentarse conflictos, requieren de apoyo y guía externa.

c) En la tercer etapa o consolidación ya se logró el resultado deseado y la integración del grupo o equipo, el líder esta solido en su función, el grupo tiene metas definidas, se detectan con mayor precisión los problemas técnicos o humanos, hay cohesión, autocontrol, compromiso individual y grupal, ya tienen sentido de pertenencia, la comunicación mejora y fluye, se encuentran motivados.

d) La cuarta etapa o madurez es la última en la cual el grupo o equipo ha madurado de tal forma que es autodirigido, no requiere que le indiquen que hacer, son eficientes, su desempeño es alto, son responsables en el establecimiento de objetivos y la toma de decisión, enfrentan retos y tienen un desarrollo continuo, sus metas y objetivos son claros y se esfuerzan en alcanzarlos.

El portal Online LosRecursosHumanos.com (2010), menciona que Bruce Tuckman (1965), es pionero en describir y establecer las cuatro fases de la formación de un grupo, Tuckman basó su trabajo teórico en la observación del desempeño de pequeños grupos, en diferentes momentos, lugares y circunstancias y llegó a la conclusión de que todos pasan por cuatro fases antes de alcanzar su máxima efectividad. "En 1977 Tuckman redefinió y desarrolló su modelo junto con Mary Ann Jensen al que agregó una 5ta fase. De ahí en más muchos han adaptado este modelo". Estas son las cinco fases propuestas por los autores:

a) En la fase 1 se da la formación del grupo, en ella existe expectativa por parte de los integrantes, se muestran dispuestos y con la inquietud de ser aceptados. En este inicio se empieza a organizar el grupo, se da un periodo de conocimiento entre ellos y de adaptación, "en esta etapa es cuando los individuos recopilan información e impresiones de los otros, y del alcance de la tarea a realizar y como abordarla. Es una etapa confortable, no hay demasiada prevención de conflictos".

b) La fase 2 se denomina de asalto, hay una calma aparente y empiezan a repartir funciones y roles, la presión que algunos sienten puede dar lugar a discusiones y conflictos internos, relacionados al trabajo o de manera personal,

> a algunos integrantes les parecerá bien empezar a lidiar con problemas mientras otros querrán seguir con la comodidad de la fase uno. Dependiendo de la cultura organizacional y de los individuos, el conflicto será más o menos suprimido, pero estará ahí debajo de la superficie. Para manejar el conflicto, los individuos quizás sientan que están ganando o perdiendo batallas y buscarán claridad en la estructura y en las políticas para prevenir que el conflicto persista.

c) En la fase 3 se establecen las normas a seguir, el grupo conocerá las reglas que debe obedecer, las tareas y responsabilidades y sus momentos de presentar resultados, la convivencia mejora y hay un entendimiento y apreciación por las habilidades de los demás, la comunicación mejora, aceptan propuestas, son colaborativos, como grupo ya

> están preparados para modificar puntos de vista preconcebidos: sienten que son parte de un grupo efectivo y cohesionado. Los individuos han tenido que trabajar duro para lograr esta etapa y puede que resistan cualquier presión para cambiar, especialmente de afuera, por miedo a que el grupo se desmorone o cambie a la etapa de asalto.

d) La fase 4 es de desempeño, tristemente algunos grupos no logran llegar a este punto de madurez, independencia y flexibilidad, aquí todos se conocen, se aceptan y están dispuestos a trabajar en equipo, confían en sus compañeros,

> los roles y responsabilidades cambian de acuerdo con las necesidades. La identidad del grupo, lealtad y moral son elevados y cada uno está orientado a las personas y a las tareas de igual manera. Este alto grado de comodidad significa que toda la energía del grupo puede ser dirigida hacia las tareas que tienen en manos.

e) La fase 5 y última se denomina el levantamiento, es propuesta por que se considera que la función del grupo o equipo llegará a un fin en el cumplimiento de las tareas y los integrantes se separan. "Los individuos estarán orgullosos de haber alcanzado tanto y estarán complacidos de haber formado parte de un grupo tan excelente".

Para los autores del artículo, el verdadero valor del grupo se presenta al conocer en qué etapa se encuentra y poder apoyarlo para alcanzar la madurez.

En el artículo ¿Qué es el sentimiento de pertenencia al grupo? (2019), la Fundación Facilísimo expone que todas las personas han pertenecido a algún grupo y saben lo que es, esto genera el sentimiento de pertenencia, de identificación con los integrantes, de compartir experiencias, creencias, objetivos, amistad. A lo largo de la vida se pertenece a varios grupos, unos muy íntimos como la familia y los amigos y otros más despegados como el grupo de trabajo o de la iglesia. El sentido de pertenencia al grupo es el saber que se forma parte del grupo y que se es aceptado en él. Es parte de la naturaleza humana el buscar ser parte de un conglomerado, ya que ayuda a satisfacer la necesidad de filiación. El principal grupo es la familia, luego vienen los amigos, la escuela, el trabajo, etc., dependiendo de las actividades de cada persona, "según cómo nos vean los demás, el afecto que nos proporcionen, los mensajes que recibamos de ellos harán que nos veamos de una determinada manera. Tendremos un lo que se llama autoconcepto de nosotros mismos".

El autoconcepto positivo es formado cuando la persona se siente aceptada, valorada y querida por el grupo. El grupo ayuda al desarrollo adecuado de las personas, favorece la confianza en sí mismo y en los demás, enseña el trato con respeto, proporciona comprensión y apoyo, favorece la autoestima, enseña ritos de socialización, brinda seguridad. La convivencia frecuente entre los integrantes de un grupo genera sentimientos de amistad y cariño. Desafortunadamente pueden desencadenarse aspectos negativos derivados del grupo, por ejemplo, forzar a realizar actos no adecuados, exigir fidelidad, coaccionar a algunas acciones, extorsionar, agredir, a veces el grupo es rechazado y atacado por otras personas o grupos,

> el sentido de pertenencia nos da una identidad desde que somos niños, que el primer grupo al que pertenecemos es nuestra familia, que conforme crecemos esos grupos van cambiando y van ayudándonos a crecer como personas, a socializarnos y a abrirnos al mundo, a tener una determinada identidad. La vinculación a un grupo nos da seguridad, nos hace sentir que pertenecemos a una comunidad, que no estamos solos. Por nuestro grupo, ya sea familia, amigos o empresa, hacemos cosas de manera desinteresada. Si todo va bien en nuestro grupo, nosotros nos sentiremos mejor.

4.2.1 Estructura grupal

En el Diccionario Enciclopédico Visual (1997), se define grupo como la pluralidad de seres o cosas que forman un conjunto, así como una unidad compuesta por varios escuadrones comandados por un individuo. Zavala (1998), cita varios autores que definen lo que es un grupo, para Mills (1967), el grupo son dos o más personas que están en contacto para el logro de un objetivo. De igual forma Sheriff y Sheriff (1975), definen el grupo como la unidad social donde sus miembros asumen roles y estatus diferentes, acatando normas y valores reguladoras de la conducta. Para Merton (1980), el grupo es un número de personas que interactúan en base a esquemas establecidos, mientras que para Shaw (1976), lo importante de los grupos es la interacción e influencia ejercida mutuamente entre sus miembros.

Se observa que el grupo, es definido por la mayoría de los autores como una unidad de sujetos que se influencian entre sí, dentro de la organización, en el campo de la psicología social, uno de los trabajos reconocidos es el desarrollado por Kurt Lewin (1939), citado por Morales y cols. (1995), el cual en su teoría de campo señala los aspectos que se deben tomar en cuenta para estudiar las relaciones sociales dentro del grupo, dichos aspectos son los valores sociales, las ideologías, los espacios físicos, su estructura social, factores psicológicos y fisiológicos, que de una forma u otra, en mayor o menor medida, influyen en el grupo y el comportamiento de cada miembro. Para Lewin (1952), la funcionalidad del grupo depende de su interdependencia con el medio ambiente dentro de un sistema de relaciones sociales, siendo las fuerzas sociales las responsables de la conducta del grupo, lo cual convierte al medio ambiente en parte del grupo.

Otro campo de acción dentro de la psicología social es el análisis de la relación del individuo y la sociedad, donde se establece el proceso de socialización (ver capítulo III factor social) a través del cual el individuo aprende los modos de conducta, ideas, valores, normas, etc., aprobados por el grupo. Morales y cols. (1995), citan varios autores, que mencionan que esta interacción entre individuo y sociedad, Maisonneuve (1968), la considera como una interacción entre individuos a través de la cual alcanzan sus metas y satisfacen sus necesidades que no pueden lograr de manera individual. Otro autor citado es Montmollin (1977), quien ve este proceso de afiliación como un acoplamiento bidireccional, de tal forma que cuando la sociedad se inserta en el individuo, este ya tiene otra sociedad que le protege y viceversa, creándose una unidad psicosocial

La configuración social que comprende una comunidad moderna consiste en varios subgrupos dentro del medio ambiente, como son la familia, amigos, iglesia, clases sociales, compañeros de trabajo entre los cuales se puede establecer un análisis de redes y de comunicación, así como el análisis de sus actitudes hacia la adquisición de información novedosa y su utilización. La estructura del grupo, en este caso la estructura organizacional, se define como: "la distribución de las personas en diferentes líneas, entre las posiciones sociales que influencian el papel de ellas en sus relaciones sociales", Blau (1974), citados por Hall (1994), Ranson, Hinings y Greenwood (1980), conciben la estructura organizacional como un medio complejo que se define por la interacción entre sus miembros, dicha estructura no es fija, cambia y se forma por las redes sociales que se establecen en ella.

La estructura organizacional según Hall (1994), desempeña funciones básicas, como son alcanzar los objetivos y metas, disminuir las diferencias entre los miembros de la organización y mediante estas, se ejerce el poder, ya que establecen mediante la jerarquía las posiciones de poder dentro de la organización, así mismo se determina el flujo de la información y de la toma de decisión. Esta estructura, nos determina la red de relaciones sociales que se establecerán en la organización para alcanzar dichos objetivos y desempeñar las actividades correspondientes. Dentro de este análisis de estructura y redes sociales, se encuentra que dichas redes están formadas por los subgrupos denominados camarillas, los cuales fueron definidos por Warner (1974), citado por Hall (1994), como una asociación informal de gente entre los cuales hay un grado de sentimiento fuerte de grupo e intimidad, así como ciertas normas de comportamiento similares, por lo tanto, la camarilla es vista como un grupo pequeño dentro de un sistema de comunicaciones en un grupo social amplio. Este concepto de camarilla describe la configuración de relaciones interpersonales de manera informal, permitiendo la identificación de los actores o sujetos con mayor poder dentro del grupo y su actitud hacia las innovaciones.

Dentro de la camarilla se pueden identificar tres niveles, el núcleo que es en el cual se encuentran aquellas personas con mayor grado de unión o cohesión, un nivel primario que son aquellos miembros del grupo que se relacionan con los del núcleo en algunas ocasiones o actividades y un nivel secundario donde se sitúan los demás miembros del grupo que solo se relacionan de manera esporádica con los demás. Uno de los aspectos dentro de la estructura del grupo que tiene importancia en la influencia del grupo entre sus miembros, es la cohesión que se define como la unión existente entre los miembros del grupo y que tan atractivo es para cada miembro el ser parte de ese grupo. El grado de cohesión afecta la actuación del grupo, proporciona satisfacción a las necesidades sociales de sus miembros, se desarrollan normas de actuación y se presiona para ejercerlas, es probable que en los grupos con mayor cohesión se presente mayor cooperación y trabajo en equipo, así como disminución del ausentismo y la rotación del personal, Shaw (1976), citado por Wexley y Yukl (1992).

Gutiérrez y Gutiérrez (2019), expresan que la cohesión del grupo está determinada según Shaw (1976), por el tamaño del grupo, la homogeneidad de sus miembros, la estabilidad de la membresía que se refiere al tiempo de convivencia, la interdependencia de las metas, las amenazas externas, dificultad de admisión y el respeto en el trato de los miembros. Para Keyton y Springston (1990), citados por Robbins (1994 y 2000), la cohesión es "el grado de atracción entre los miembros del grupo y de motivación para permanecer dentro de él". Insko y Wilson (1977), citados por Robbins (1994 y 2000), establecieron que el tiempo de convivencia entre los miembros del grupo puede generar entre ellos mayor cohesión, puesto que produce una forma de identificación personal. Al respecto Gullahorn (1952), citado por Robbins (1994 y 2000), mediante un estudio descubrió que la distancia que separaba los escritorios de los oficinistas era un factor importante para su interacción. En relación con la diferencia de géneros, hay estudios que publican que los grupos de mujeres son más unidos que los grupos de hombres lo cual fue encontrado por Taylor y Strassberg (1986), citados por Robbins (1994 y 2000).

4.3 Formación de equipos de trabajo

Hughes y Cols., (2007), citados por Gutiérrez y Gutiérrez (2019), argumentan que los grupos y los equipos se distinguen por cuatro acciones, la primera es que el equipo tiene más arraigada su identidad como tal, y por ello son fácilmente identificados por los demás, en segundo lugar, los equipos tienen definidos objetivos y metas de manera más clara que un grupo, lo que les facilita realizar el trabajo en conjunto. En tercer lugar, hay una interdependencia de funciones que hace al equipo altamente cooperativo entre sus integrantes y, por último, en el equipo se da una especialización de funciones. Los autores concluyen en que se considera a los equipos como grupos de trabajo altamente especializados.

Dentro de las organizaciones, según Davis y Newstrom (1995 y 2003), cuando los grupos son interdependientes, actúan como un equipo de trabajo, manteniéndose interconectados y trabajan en forma coordinada compartiendo sus esfuerzos y logros. Para ello necesitan conocer los objetivos y metas, actuar con responsabilidad y brindarse apoyo constante. El buen funcionamiento de los equipos de trabajo depende del ambiente en que se desenvuelvan, el cual debe ser estimulante, lleno de confianza y de apoyo, así mismo, es importante que el equipo sea integrado por personal calificado y tengan bien definidos sus funciones dentro del equipo. Las metas del equipo deben basarse en una meta global de la organización, al alcanzar metas en equipo, es necesario premiar en equipo, ya que si se hace de manera individual se pierde integración.

Para Gordon (1997 y 2001), en la formación de los equipos de trabajo, es indispensable que todos los integrantes estén enterados de la variedad de aspectos que están relacionados con el equipo, como son las funciones, metas, estrategias, procesos, autoridad, toma de decisión, etc., debiendo aprender a identificar aspectos a favor y en contra de su desempeño, manteniendo una comunicación profunda, fluida y constante, con el fin de conocer la información; se requiere de igual manera tener retroalimentaciones que permitan conocer cuál es el desarrollo y actuación individual y grupal dentro del equipo.

Para Katzenbach y Smith (1993), citado por Gutiérrez y Gutiérrez (2019), los equipos de trabajo, son grupos pequeños (entre 2 y 25 pero menos de diez es ideal), que cuentan con habilidades complementarias y con responsabilidad impulsada por un objetivo y un propósito con un enfoque común, Kreitner y Kinicki (2009 y 2012), estos autores señalan que un equipo de trabajo, inicio como grupo de tarea y ha sufrido una transformación hasta alcanzar la madurez que lo convirtió en equipo, basándose en el compromiso común de sus integrantes y convirtiéndose en unidades poderosas de desempeño. Los tres componentes más importantes del trabajo en equipo son la cooperación, la confianza y la cohesión.

La cooperación, consiste en la integración de esfuerzos a un logro común, puede estimularse a través de compensaciones hacia los logros del equipo; la confianza, se basa en el trato justo, en la libertad de acción y el respeto de opinión, por lo siguiente la organización debe tener confianza en lo que los demás realizan. La cohesión es el proceso mediante el cual los integrantes del equipo se unen a él y se mantienen unidos al resto del equipo, trasciende de un yo a un nosotros, esto es producto de trato y la coordinación que se da entre ellos; emocionalmente los integrantes se sienten parte del equipo, como se conoce comúnmente "se ponen la camiseta", así mismo, la cohesión puede darse en forma de dependencia del equipo, convirtiéndose el nosotros en el instrumento motivador.

Gómez-Pereira (2021), considera que es importante fomentar la cultura de colaboración en las empresas, como una estrategia para lograr las metas y objetivos propuestos, como decía Michael Jordan "el talento gana partidos, pero la inteligencia y el trabajo en equipo ganan campeonatos". Se requiere del trabajo en equipo para ganar el partido. Las organizaciones deben cuestionar si ¿realmente trabajan en equipo y con plena confianza en sus colaboradores?, deben analizar si todos trabajan en el mismo sentido y con los mismos objetivos. El autor emite algunos beneficios que se pueden obtener sí se logra un trabajo en equipo. Las habilidades y talentos individuales se multiplican y complementan, se disminuyen las debilidades, las fortalezas aumentan. El tiempo de ejecución disminuye, aumentando la productividad. Ayuda a fomentar la confianza en los demás, de esta forma es más fácil resolver la problemática que se pueda presentar y se alcanzan las metas de mejor manera.

Cuando los individuos se sienten aceptados, aumenta el compromiso con el equipo y la empresa, de igual forma tiende a durar más tiempo en ese empleo. La satisfacción laboral aumenta al ser celebrados los logros, para ello se brindan abrazos, palmadas, chocan las manos, hacen feliz a las personas. El trabajo en equipo disminuye el sentimiento de soledad y de rechazo, ya que se pueden expresar libremente. Es importante seleccionar las personas correctas que complementen el equipo, logrando las metas rápido y en forma correcta. El equipo permite conocer las capacidades y habilidades individuales ya que se refuerzan con el apoyo de los compañeros. La colaboración facilita el manejo de los conflictos y fomenta el desarrollo de ideas y proyectos. Reunidos se disfruta el trabajo con bromas y chascarrillos, por lo que es divertido, siempre y cuando sea una sana convivencia.

4.3.1 Equipos autodirigidos

En relación con los Equipos de alto desempeño, Hughes y Cols., (2007), citados por Gutiérrez y Gutiérrez (2019), argumentan que la efectividad del equipo es variada, según el Centro para un liderazgo creativo quienes en su investigación encontraron ocho características que hacen la diferencia entre el éxito y el fracaso del equipo al desarrollar su trabajo. Los equipos exitosos muestran mayores estándares de desempeño y una misión clara dentro del equipo, es decir, cada quién sabe lo que tiene que hacer, estos equipos tienen a su disposición, materiales, equipos técnicos, apoyo y un liderazgo efectivo. Al mismo tiempo se les evalúa sus habilidades técnicas y se les reconoce, sus líderes constantemente están planeando y organizando las tareas en coordinación con el equipo, mediante una comunicación efectiva y constante lo cual minimiza los conflictos.

Robbins (1995, 1999, 2004 y 2009), propone que los equipos de trabajo deben convertirse en equipos auto administrados, donde cada grupo es responsable del manejo del trabajo diario, de la planeación, manejo y control de este. Esta autonomía, busca la selección y evaluación de los integrantes del equipo, eliminando la necesidad de un supervisor, para la organización esto es conveniente porque disminuye los niveles de jerarquía. La auto administración de un equipo se logra mediante el compromiso que cada uno de los integrantes del equipo adquiere con la organización, para ello se requiere trabajar con anterioridad hacia el convencimiento y el cambio de esquemas mentales que le permitan al trabajador ser realmente responsable de sus acciones y prescindir de un supervisor que lo empuje a la acción.

Daft (2006), citado por Gutiérrez y Gutiérrez (2019), considera que los equipos autodirigidos se centran en sus integrantes y están dirigidos por ellos mismos, no por un líder, están formados por los menos entre cinco y veinte integrantes que se comprometen con la organización en la consecución de algunas metas, ya sea de producción, servicio, venta o distribución. Estos equipos pueden ser temporales o permanentes y están formados por trabajadores con distintas habilidades y funciones, pero complementarias, se coordinan entre sí, tienen acceso a la información, los recursos, el equipo tecnológico, espacios, etc. Cada equipo es responsable de planear, analizar y tomar las decisiones que considere para el logro de las metas.

4.3.2 Equipos multihábiles

Valezzi (2009), citado por Gutiérrez y Gutiérrez (2019), contempla que la economía actual exige que las compañías se adapten a las exigencias del entorno, de tal forma que, como individuos para sobrevivir en la economía cambiante, nos veamos forzados a hacer más con menos. Como profesionales debemos ser más eficientes en la ejecución de tareas múltiples.

Tradicionalmente, las personas se enfocaban a un número de tareas muy concretas. Sin embargo, en la actualidad, a nivel ejecutivo y gerencial, el avance lo determina la capacidad de manejar muchas responsabilidades de manera eficiente. A lo que se suma la tendencia de las compañías de integrar las actividades del personal, que se ha despedido, a las que tienen los empleados que continúan laborando. Para mantener las operaciones normales, las personas deben contar con procesos de aprendizaje y adaptación rápidos.

Para considerar a una persona como multifuncional, deberá contar con un alto grado de organización, conocer los objetivos y metas organizacionales y tener muy claros sus objetivos personales, así mismo debe saber que esperan de ella en el trabajo y administrar adecuadamente el tiempo. Actualmente las organizaciones exigen en algunos casos, el manejo ejecutivo de varias plantas ubicadas en distintos puntos geográficos, que deben hacerlo con una priorización de las responsabilidades para cumplir con todas las tareas, para ello deben delegar responsabilidades y autoridad. El éxito de estos ejecutivos se basa en la respuesta que da ante las exigencias del trabajo su equipo de colaboradores multihábiles que desarrollan las tareas de manera eficiente.

Para llegar a ser multihábil o multifuncional se debe aprender a organizarse, capacitarse y estar dispuesto a aprender, según lo citado por las autoras argumenta Valezzi (2009), que es sencillo hacerlo, se puede empezar por plantear claramente los objetivos personales y organizacionales, a corto, mediano y largo plazo, el uso de agendas ayuda a recordar, también deben de registrarse los avances y logros de cada punto, es de utilidad el priorizar las actividades diarias y darles tiempos, contemplando incluso tiempos de alimentación y descanso. Mientras más despejado este su área de trabajo será más fácil organizar su día, fomente el hábito y verá que es sencillo llevarlo a cabo.

La revista Legislación económica (2009), citada por Gutiérrez y Gutiérrez (2019), señala que las empresas buscan trabajadores que se acoplen a las necesidades de la empresa, según su profesión o funciones para que no sea la organización la que se adapte a las demandas del empleado. "El trabajador polivalente no sólo juega en cualquier posición, sino que rinde lo esperado. Si cuenta con estas características será alguien valioso para la organización, pues sus labores no serán operativas". De igual forma, "la polivalencia fomenta la rotación en espiral en las organizaciones. Esto quiere decir que un empleado determinado, al mostrar sus habilidades en un cargo, puede ser promovido a uno superior que no se encuentre directamente relacionado con el área en la que se encontraba". Los empleados polivalentes permiten que la empresa crezca, que se conozcan los procesos al interior de la compañía, que las dependencias estén interconectadas constantemente, etc.

En la revista se cita a Ana I. López (2008), de la Universidad Politécnica de Madrid, quién considera que, debido a la naturaleza de las empresas actuales, "surge la necesidad de contar con personas que tengan conocimientos amplios sobre los procesos que se desarrollan en la empresa (...). En este marco de cambios sociales y tecnológicos surge el puesto de trabajo polivalente". Agrega que el trabajador polivalente debe poseer amplios conocimientos acerca de los procesos que se realizan en la empresa, pero, sobre todo, debe ser capaz de adaptarse a los cambios continuos, de resolver problemas y tomar decisiones. También se citan las palabras de María Ángela Burgos, (2008), profesora de la Universidad Jaime I de Castelló, España, que argumenta que polivalencia "significa que el trabajador no quede encorsetado en una función determinada, sino que se convierta en un todo terreno (...), flexibilizando su adaptación a cualquiera de las funciones previstas".

Es muy importante considerar que el trabajador polivalente, multihábil o todo terreno, no solo es aquella persona que hace de todo, sino que es aquel trabajador que está preparado y altamente capacitado en varios campos afines a su carrera, tiene conocimientos de las diferentes áreas y puede desempeñarse profesionalmente en ellas. Los especialistas en esta tendencia concluyen que las exigencias del Siglo XXI requieren trabajadores más preparados, no especializados en una sola área. Daft (2006), citado por Gutiérrez y Gutiérrez (2019), menciona que existen en las organizaciones equipos de trabajo formados por personas de diferentes áreas, se les denomina equipos interfuncionales, sus integrantes generalmente tienen un mismo nivel jerárquico, pero no necesariamente tiene que ser así, su función principal es el desarrollo de un proyecto organizacional que compete a varios departamentos, los cuales se coordinan entre sí para lograrlo. El equipo analizará las posibles formas de alcanzar las metas, propondrá formas de hacerlo y tomará decisiones para ello. En algunos casos esta información pasa a los altos mandos para su análisis.

Las condiciones mundiales de globalización de las organizaciones llevan a estas al establecimiento de una nueva forma de equipo, denominados equipos globales según Daft (2006), citado por Gutiérrez y Gutiérrez (2019), y geográficamente dispersos o equipos virtuales, para Hughes y Cols., (2007), citados por las autoras quiénes señalan que son equipos de trabajo donde convergen personas de diferentes puntos geográficos y diferentes culturas, las cuales se mantendrán en contacto mediante las Tecnologías de la comunicación. Los autores señalan las cinco áreas en las que deben mantenerse los cambios tecnológicos para que estos equipos sean efectivos, entre ellas se menciona que se mantenga un liderazgo de administración experimentada, tecnología de comunicación avanzada, establecer un diseño organizacional globalizado, mantener un contacto y confianza entre los integrantes del equipo y que se tenga la capacidad para entender las diferencias culturales.

Gutiérrez y Gutiérrez (2019), citan a Hughes y Cols., (2007), los cuales mencionan que Armstrong y Cole (1994), hicieron algunos estudios sobre equipos virtuales y consideran que es muy importante entender que la distancia entre los integrantes de un equipo virtual es multidimensional, ya que comprende un alejamiento geográfico, diferentes formas de administrar la organización, diferentes zonas horarias y sobre todo diferentes culturas. Los autores sugieren ver estas diferencias como una fortaleza en el enriquecimiento de ideas, no como un obstáculo. Para ello se sugieren prácticas de integración dentro del equipo virtual y entre el equipo y la organización.

Daft (2006), citado por Gutiérrez y Gutiérrez (2019), considera que los equipos virtuales o también llamados equipos repartidos están formados por miembros dispersos en la organización o geográficamente, los cuales tienen un propósito común y se mantienen en contacto a través de las tecnologías de la información, entre ellas el correo electrónico, video chat, video conferencias. Frecuentemente estos equipos incluyen a los clientes y proveedores, con los cuales se trabaja en equipo para alcanzar los objetivos en común. Es lógico pensar que el líder del equipo no puede estar al tanto de lo que sus seguidores hacen, por lo que se necesita formar más que un equipo virtual, uno autodirigido que se basa en el compromiso para sacar adelante la organización. Es importante conocer la forma de trabajo de las personas que formaran el equipo, confiar el ellas y crear vínculos fuertes mediante la comunicación constante, las reglas de funcionamiento básico deben estar establecidas por todos los integrantes.

4.4 Liderazgo en los grupos organizacionales

Cano (2006), cita tres autores que conceptualizan el liderazgo de forma organizacional, el primero James Stoner (2000), define el liderazgo gerencial "como el proceso de dirigir e influir en las actividades de los miembros de un grupo, relacionadas con las tareas", sin embargo, para que el líder realmente pueda cumplir con su cometido, debe asumir la responsabilidad no sólo por las funciones relacionadas con las tareas o solución de problemas sino también por las funciones sociales que cumplen con el mantenimiento del grupo. Para ello, esta interacción debe darse recíprocamente entre líderes y seguidores, idea que refuerzan Lussier y Achua (2003) al definir el liderazgo como "el proceso por el cual influyen líderes sobre seguidores, y viceversa, para lograr los objetivos de una organización a través del cambio." Por tanto, la relación entre el líder y el seguidor debe darse a un nivel interpersonal, con una interacción cercana y satisfactoria para ambos.

En la definición de líder, se le considera como el jefe de un grupo o aquel que va a la cabeza de una clasificación, mientras el liderazgo es ejercer la condición de líder, ante un grupo de individuos que lo siguen. Se han desarrollado una infinidad de definiciones sobre liderazgo, debido al gran interés en estudiarlo, para Schriesheim y cols. (1978), citados por Kreitner y Kinicki, (2009 y 2012), el liderazgo se define como "un proceso de influencia social en el que el líder procura la participación voluntaria de los subordinados en el esfuerzo por lograr los objetivos de la organización". En la teoría de las características, Blake (1964), citado por Arias (1990 y 2001), expone a los líderes como aquellos sujetos que poseen una gran combinación de atributos personales (inteligencia, dinamismo, tacto, etc.), que los hace grandes hombres, por lo tanto, un supervisor con estas características será un líder eficaz en cualquier situación.

Mientras que, en la teoría circunstancial, Herbert (1966) citado por Arias (1990 y 2001), expone que son las circunstancias las que hacen al líder, por lo que el mejor supervisor será aquel que logre con sus habilidades y sensibilidad captar la emotividad y necesidades de los trabajadores. Para Peters y Austin (1985), citados por Kreitner y Kinicki, (2009 y 2012), el liderazgo significa visión, estímulo, entusiasmo, amor, confianza, vigor, pasión, obsesión, consistencia, uso de símbolos, decisión, atención en los demás, apoyo, pero consideran que los puntos más importantes que debe presentar son la confianza, visión y creencia básica, así mismo el liderazgo debe darse en todos los niveles jerárquicos organizacionales.

En sus trabajos de investigación desarrollados dentro de la universidad de Harvard, Kotter (1990), citado por Stoner y Cols., (1994, 1996 y 2011), afirmó que el liderazgo es igual a la administración, pero plantea otros argumentos, según él, la administración propicia el orden y la consistencia formal, mientras que el liderazgo se refiere al manejo del cambio estableciendo una visión del futuro; atrae a los demás comunicándoles la visión y los motiva a superar los obstáculos para lograrla. Así mismo, se requiere de una buena administración y un buen liderazgo para conseguir la eficacia óptima de la organización y define liderazgo como la "capacidad de influir en un grupo con el objeto de que alcance metas", dentro de la organización se debe buscar al personal ideal que ejerza la función de buen administrador y líder entre los subordinados, logrando así las metas propuestas por la organización Enfoques y Estilos Contemporáneos

Las características demandantes de un mundo globalizado han forzado a desarrollar estilos de liderazgo que se adecuen a las condiciones del entorno, siendo capaces de guiar a los seguidores a ser cada vez mejores individuos y con ello alcanzar satisfactoriamente las metas tanto personales, como las grupales y de la organización, entre estos estilos se encuentran los siguientes:

1 Carismático: Carisma se refiere a la capacidad de influir en los demás, según Kolakowski (2006), de tal forma que el concepto weberiano abarca capacidades y cualidades del líder. Berenstein (2008), argumenta que el carisma es una especie de energía, magnetismo y cualidades que poseen algunas personas, lo cual hace que tengan un alto impacto al convivir con otros, varios ejemplos de líderes carismáticos se han presentado a lo largo de la historia, entre ellos Hitler, Gandhi, la princesa Diana, Eva Perón y Juan Pablo II. Así mismo Meléndez de León (1997), menciona que el origen del concepto carisma se le atribuye a Max Weber y su uso fue limitado a las Ciencias Sociales por los desacuerdos surgidos acerca de su definición y aplicación Dow (1969), citado por Meléndez de León (1997). La autora señala que "según Weber, la autoridad carismática existe cuando un individuo reclama poderes excepcionales, sobrenaturales o sobrehumanos y es reconocido por los demás como una razón válida para su participación en un programa de acción en el que se busca remediar problemas extraordinarios o garantizar el éxito de medidas extraordinarias".

Meléndez de León (1997), cita a Conger (1989), quién percibe al líder carismático como el responsable del proceso de mover una organización del estado existente a un estado futuro a través de cuatro etapas: la primera donde tiene el sueño inicial de una oportunidad, en si perciben las necesidades, oportunidades y las plasman en una visión la cual se concibe como "una imagen mental conjurada por el líder que evoca un estado altamente deseable en el futuro de la organización". La segunda de ellas es donde se trata de dar a conocer la visión, convenciendo a los demás de que es buena e importante, en la tercera se busca afianzar la idea y se busca empezar a analizar los riesgos y por último se lleva a cabo la implantación de la idea. El autor comenta que el líder carismático,

> ejerce el poder a través de la persuasión verbal, excitación emocional y experiencia vicaria. Si estos líderes se manejan bien, pueden ser de gran ayuda para las organizaciones que buscan adaptarse a ambientes cambiantes porque retan las fuerzas que impulsan las revisiones de visión estratégica y pueden ser una inspiradora fuerza de trabajo. Esto es sumamente importante para el líder carismático ya que el éxito es lo que valida su carisma de líder y afirma sus habilidades extraordinarias.

2 Transaccional: Otro de los enfoques recientes se refieren al liderazgo transaccional propuesto por Burke y Litwin (1994), citados por French y Bell, (1995 y 2007), el cual centra su trabajo en la transacción interpersonal de calidad que se produce entre gestores (jefes) y subordinados, quienes trabajan en la consecución de metas, sin olvidar la función y la tarea; el cambio se logra principalmente en el ambiente. A este respecto Arredondo (2010), argumenta que el líder transaccional lleva una relación con

sus seguidores, basada en el temor a ser castigados, en el intercambio mutuo y en la concordancia interpersonal, esto lleva a que el colaborador pierda su autonomía y libertad. La autora dice que un liderazgo transaccional,

> tiene un nivel de integridad menor ya que no potencia su propia esencia de líder, el poder que ha recibido de su colaborador lo ha utilizado únicamente a nivel contractual. Se considera líder, pero en realidad no lo es del todo. En la medida que se interese en cómo relacionarse con los demás y apoyarlos para ser mejores colaboradores y personas, será un liderazgo más transformacional y por lo tanto más íntegro. No existe confianza entre líder y seguidores.

El cuadro No. 5 muestra las diferentes formas de llevar a cabo las acciones del líder con los subordinados, en cuanto a estrategias a seguir, objetivos a alcanzar, poder ejercido, mecanismos psicológicos de apoyo, actitud ante el cambio y su implicación moral.

Cuadro No. 5 Proceso de influencia en el liderazgo transaccional y transformacional

Proceso de influencia del liderazgo	Liderazgo transaccional	Liderazgo transformacional
Estrategias	Control	Empoderamiento
Objetivos del líder en términos de los resultados de la conducta	Énfasis en acatar órdenes	Influir en un cambio de valores en los colaboradores
Mecanismo psicológico en el que se apoya	Intercambio social de recurso-valor	Incrementa la autoeficacia y la autodeterminación
Base de poder	Coercitivo, legal, retribución	Experto y de referencia
Proceso en el cambio de actitudes y los efectos	Acatamiento, un excesivo control lleva a demoler la autoconcepción de la persona y funcionar como un robot programado	Identificación e interiorización a través de orientar a los colaboradores hacia su desarrollo y autonomía
Implicaciones morales	No íntegro	Íntegro

Fuente: Arredondo F., 2010, LA INTEGRIDAD EN EL LIDERAZGO TRANSACCIONAL Y TRANSFORMACIONAL, UNA APROXIMACIÓN ÉTICA AL TEMA, XV Congreso Internacional de Contaduría, Administración e Informática, Asociación Nacional de Facultades y Escuelas de Contaduría y Administración, México.

Cano (2006), ve al liderazgo transaccional, como aquel estilo de liderazgo "que busca mantener la estabilidad en lugar de promover el cambio en una organización, mediante intercambios económicos y sociales regulares con los que se consiguen objetivos específicos tanto para los líderes como para los seguidores", la autora cita a Robbins (2004), quien lo define como el estilo de liderazgo a través del cual "se guía o motiva a los seguidores en la dirección de la metas establecidas aclarando los ro-les y las tareas", es decir, "en este estilo de liderazgo se pactan entre el líder y sus seguidores las acciones a realizar así como las recompensas recibidas por las me-tas cumplidas, utilizando el líder las fuentes de poder necesarias para ejercer su influencia". Cano (2006), Salazar (2006) y Reig (2008), citados por Gutiérrez y Gutiérrez (2019), consideran que los líderes transaccionales, identifican las necesidades de sus subordinados para cumplir con eficiencia y eficacia los objetivos institucionales; para ello, definen las funciones y tareas organizacionales, establecen una estructura organizacional formalizada e intencional de papeles y posiciones que les permita el desempeño de sus deberes, premiando el desempeño y la productividad". Ver cuadro No 6.

Valdéz (2011), considera que el liderazgo transaccional, tan socorrido en muchas organizaciones mexicanas, es aquel líder que logra que los seguidores hagan lo que les pide por medio de premios y castigos.

La inspiración, la confianza y la admiración son irrelevantes para este liderazgo; por el contrario, el poder y la influencia se ejercen en intercambios casi de tipo comercial entre el líder y el subordinado, que se caracterizan por la siguiente filosofía: Si me das lo que espero de ti (que puede ser lealtad, apoyo, resultados, ventas, etc.), te daré a cambio lo que tú quieres (incentivos, recompensas, desarrollo, favores, etc.). Pero si no cumples con mis expectativas, recibirás regaños y castigos.

Es obvio que el carisma nada tiene que ver con este liderazgo, ya que sólo recurre a la autoridad que otorga el puesto. Los liderazgos transformacional y transaccional no se excluyen recíprocamente.

Cuadro No. 6 Características de los líderes transaccionales y transformacionales

Líderes transaccionales	Líderes transformacionales
Recompensas contingentes. Acuerdan un intercambio de recompensas por el esfuerzo, prometen recompensas por el buen desempeño, reconocen los logros.	Carisma. Dan una visión y un sentido de una misión, infunden orgullo, se ganan el respe-to y la confianza.
Administración por excepción (activa). Observan y buscan desviaciones de las reglas y criterios, emprenden acciones correctivas.	Inspiración. Comunican esperanzas elevadas, usan símbolos para centrar los esfuerzos, expresan propósitos importantes con términos sencillos.
Administración por excepción (pasiva). Intervienen sólo si no se cumplen los criterios.	Estimulo intelectual. Promueven la inteligencia, la racionalidad y la solución cuidadosa de los problemas.
Política de no intervención. Abdican a sus responsabilidades, evita tomar decisiones.	Interés personalizado. Prestan atención personal, tratan en lo individual a cada emplea-do, dirigen, aconsejan.

Fuente: Cano M., 2006, EL LIDERAZGO TRANSFORMACIONAL: SUSTENTO DE LAS ORGANIZACIONES DE CLASE MUNDIAL, Instituto de Investigaciones y Estudios Superiores de las Ciencias Administrativas, Universidad Veracruzana, México.

3 Transformacional: El liderazgo transformacional, planteado por House y cols. (1993), citado por Kreitner y Kinicki, (2009 y 2012), se refiere al poder implícito en la conducta del líder quien, con su ejemplo, visión, forma de actuar, valores y capacidades, logra que los subordinados lo sigan, transformando la actuación de los trabajadores en beneficio de la organización. En el proceso, el líder considera las necesidades, conceptos, ideales, valores, mismidad y la identidad personal de sus subordinados, con ello se logra una empatía que motiva al subordinado a salir adelante enriqueciendo su valor intrínseco y sus expectativas. Esto da como resultado un compromiso personal y organizacional.

Para Cano (2006), el líder transformacional se centra en las emociones, seguridad, motivación de sus seguidores, así como en incrementar sus capacidades, por lo que se le considera como un agente de cambio organizacional. Los líderes transformacionales "proyectan una visión y una misión e inspiran a sus seguidores para su logro o alcance; poseen la capacidad de motivar, alimentando el estímulo y la autoestima; de conformar la cultura institucional, promoviendo el cambio y la innovación. Esto es, crean un ambiente favorable para el cambio organizacional". La autora cita a Robbins (2004), quien cree que los líderes transformacionales llevan a sus seguidores a pensar más allá de ellos, lo que trasciende a la organización, por el bien común organizacional. Se crea un ambiente de confianza plena.

Cano (2006) y Reig (2008), citados por Gutiérrez y Gutiérrez (2019), mencionan cuatro características que identifican a los líderes transformacionales, entre ellas está el que son carismáticos ya que inspiran confianza y respeto, de igual forma consideran las necesidades de cada uno de sus seguidores por separado, estimulándolos intelectual y emocionalmente y por último los llenan de entusiasmo y optimismo. Este tipo de líder tiene una visión a largo plazo y desarrolla su plan de acción para cada subordinado, transformándolo y ello repercute en la organización. El líder transformacional ejerce una influencia adecuada en el esfuerzo que realizan los subordinados y en la satisfacción que sienten en la realización de su trabajo. Igualmente, los convence para que no se fijen en sus intereses personales, sino que busquen el bien de su equipo o de su organización, considera Valdéz (2011). Para estos fines, el líder estimula en sus empleados las necesidades y motivaciones de orden superior de crecimiento, excelencia y trascendencia. La autora cita a Bass (1990), quien identifico cuatro características de los líderes carismáticos, la primera se refiere al carisma e influencia que ejerce a través del respeto y entusiasmo, la segunda es cuando actúa como un modelo a seguir, inspirándolos a una visión global de la organización, en la tercera característica los estimula a ser analíticos, a ver cosas buenas y malas que se hayan realizado y por último les proporciona un apoyo continúo y personalizado.

Las aplicaciones del liderazgo en las organizaciones llevan a considerar la forma en que el líder se conduce con su grupo de subordinados, con respecto a la forma en que se le guía hacia los objetivos y como se ejerce el poder sobre ellos, de esto se derivan dos posturas, la de coaching y el empowerment, consideradas como estilos de liderazgo moderno.

1 Coaching: Para Fariña (2012), el coaching es orientar, guiar detenidamente hacia el logro de un objetivo, un coach ayudará a desarrollar las habilidades necesarias para lograrlo, mientras el mentor se meterá de lleno a hacerlo junto con sus seguidores. Mientras que para Goldsmith (2012), el coaching es "la herramienta que permite convertir a los managers de hoy en los líderes del mañana". Esta herramienta permitirá a los directivos transformar la organización mediante el aprendizaje, su aplicación y el dialogo. Mediante el coaching se desarrollan las capacidades y aumenta la eficacia, de manera conjunta el jefe y sus subordinados establecerán un plan de acción y las estrategias para lograrlo, a mediano y largo plazo.

Para Henric (2003), el coaching es:
   un especialista en el funcionamiento de los equipos y en desarrollo personal, es un
   conjunto de esfuerzos y técnicas enfocadas al equipo humano de una empresa u

organización, destinados a lograr a la vez la eficacia en los resultados, la motivación y satisfacción personal de los trabajadores, cualquiera que sea su nivel, haciéndolos responsables de la competitividad empresarial. El coaching comienza por escoger personas con habilidades de liderazgo, comunicación y trabajo en equipo, viendo las formas de reacción ante la presión y el riesgo. Todo ello enfocado a que la persona de lo mejor de sí mismo, además ayuda a los miembros del grupo a definir la organización, a estructurarla y a ponerla en marcha.

Velasco (2006), considera que la aplicación del coaching mejora enormemente las capacidades de los directivos, su desempeño profesional y los resultados organizacionales. Mediante el coaching se conoce personalmente a los colaboradores, se les motiva, se desarrolla un equipo de trabajo, de igual forma se distribuyen las funciones y sus responsabilidades, se promueve la comunicación mediante una retroalimentación constante y por último reconoce los logros de cada integrante del equipo. Mientras que Álvarez (2011), menciona que no basta con querer implantar el coaching en la organización, sino que ésta debe adecuarse para el proceso, en primer lugar, se debe analizar qué tipo de procedimientos, políticas y nivel de toma de decisión hay en la empresa, si se encuentra que son simples, alcanzables y conocidos, será más fácil proceder, de igual forma si la comunicación es abierta, directa y real, se podrá establecer un sistema de coaching. Otros aspectos que favorecen el cambio son el tener una forma de evaluación del desempeño, un proceso de motivación constante y contar con relaciones interpersonales sanas.

Un líder coach maneja las cosas de forma diferente a la tradicional en la organización, entre lo que debe hacer es mostrar los objetivos a alcanzar en forma de reto, permitiendo a cada colaborador que tome decisiones y sea creativo al desarrollar su trabajo, el líder coach actúa como guía y colaborador ante los compromisos. De igual forma el líder confía en sus seguidores, permitiéndoles alcanzar sus objetivos mediante el aprendizaje continuo, estimulando el ser creativos y por ello valora su participación. El autor propone algunos aspectos que favorecen el cambio de líder tradicional a líder coach, entre ellos debe estar bien convencido del proceso y ser creíble, para ello debe actuar de forma sincera y transparente, mostrar abiertamente el cambio personal, la relación con los demás debe ser abierta, de confianza y con una excelente comunicación, escuchando a los demás y prestando interés en sus necesidades, debe fomentar el análisis y aprendizaje. Si se ponen en práctica estos aspectos, se podrá liderar fomentando la colaboración entusiasta de los colaboradores.

2 Empowerment: Comenta Salazar (2006), que el enfoque de las organizaciones que aprenden está tomando auge en la actualidad y cita a Bolívar (2000), quien señala que el aprendizaje organizativo proporciona a la organización la posibilidad de entender como los cambios cognitivos dependen de las nuevas estructuras organizacionales y de los esquemas mentales que se tengan. Mediante el aprendizaje organizacional, la organización se convertirá en una organización capaz de establecer su propio cambio, con un liderazgo entendido como un proceso de influencia y distinguiéndolo de otros términos como autoridad o poder. Concluye el autor que es:

> un liderazgo unido al término de empowerment, vocablo que intenta expresar la capacidad de potenciación de las capacidades y talentos del personal, a través de un modo de gestionar y liderar. Proceso que permite captar las ideas y deseos del

personal favoreciendo sus capacidades y habilidades para el logro de las metas institucionales y las propias individuales, así como el desarrollo profesional.

El empowerment o empoderamiento es para Valda (2011):
> una herramienta de gestión que consiste en delegar, otorgar o transmitir poder, autoridad, autonomía y responsabilidad a los trabajadores o equipos de trabajo de una empresa para que puedan tomar decisiones, resolver problemas o ejecutar tareas sin necesidad de consultar u obtener la aprobación de sus superiores.

Mediante la aplicación del empowerment, los equipos de trabajo contarán con mayor capacidad de decidir, lo que les brinda autonomía y mayor responsabilidad en la ejecución de las actividades del puesto. La aplicación del empowerment dará a los integrantes de la organización un grado de autonomía en relación con su puesto y área de trabajo, permitiendo descentralizar el poder y la toma de decisión, esto no significa que el trabajador va a hacer lo que le parezca, solo que tendrá autoridad para tomar decisiones diarias y a mediano plazo sobre la ejecución de su trabajo.

Esta nueva práctica agiliza el trabajo, puesto que el trabajador tendrá la libertad y la responsabilidad de actuar, sin tener que estar constantemente pidiendo la autorización de su jefe. El trabajador al tener una participación activa se verá más comprometido con la organización. Se observa que el empowerment da beneficios a la organización, pero no es tan simple llevarlo a cabo, se requiere de un proceso de maduración organizacional y aprendizaje. Es importante informar al trabajador sobre lo que se pretende lograr, de la misma forma se le deberá proporcionar toda la información necesaria sobre el puesto, como son los requisitos, objetivos, metas, requerimientos, de quien depende, a quién reporta, etc., para que realmente el trabajador sea autónomo en su puesto, también deberá entrenársele y capacitarlo sobre el puesto y la toma de decisión, brindándole retroalimentación constante y reconociendo los logros.

La Universidad de los Lagos (2008), considera que el empowerment es una nueva forma de administrar la empresa, la cual involucra varios factores como los humanos, técnicos, financieros, de mercado, etc.
> Empowerment es donde los beneficios óptimos de la tecnología de la información son alcanzados. Los miembros, equipos de trabajo y la organización, tendrán completo acceso y uso de información crítica, poseerán la tecnología, habilidades, responsabilidad, y autoridad para utilizar la información y llevar a cabo el negocio de la organización.

Con esta nueva forma de trabajo los equipos se convierten en autodirigidos, donde cada uno se responsabiliza y se esfuerza por alcanzar el máximo potencial. La Universidad da a conocer la definición de Empowerment que quiere decir "potenciación o empoderamiento que es el hecho de delegar poder y autoridad a los subordinados y de conferirles el sentimiento de que son dueños de su propio trabajo".

En el empowerment se forma un ambiente organizacional en el cual los empleados de todos nos niveles se sienten responsables del trabajo en su área, de los estándares de calidad, del servicio y de la eficiencia del negocio. Esto conlleva al involucramiento por parte de los trabajadores, en las metas organizacionales lo cual les permite, tener un compromiso fuerte con la organización, mientras que los administradores estarán a su vez dispuestos a traspasar su autoridad y capacidad de decisión a los trabajadores y equipos de trabajo. Empleados, administrativos o equipos de trabajo poseen el poder para la toma de decisiones en sus respectivos ámbitos, esto implica aceptación de responsabilidad por sus acciones y tareas. El Empowerment se convierte en:

la herramienta estratégica que fortalece el que hacer del liderazgo, que da sentido al trabajo en equipo y que permite que la calidad total deje de ser una filosofía motivacional, desde la perspectiva humana y se convierta en un sistema radicalmente funcional.

La Universidad de los Lagos (2008), propone que, para involucrar a las personas en el empowerment, se deben fortalecer las relaciones interpersonales en la organización, haciéndolas efectivas y solida bajo un marco de disciplina, de tal forma que el trabajador no sienta que puede hacer lo que le venga en gana, sino que hay un plan que cumplir. Por ello se necesita un proceso de maduración como organización y como grupo de trabajo. La organización a su vez se ve obligada a ofrecer un sistema organizacional estructurado y organizado, con definición precisa de roles, funciones y responsabilidades, para tener definido cada uno que tiene que hacer. Por último, se debe formar un compromiso empresa – trabajadores, de tal forma que se formen vínculos de lealtad, apoyo, retroalimentación y reconocimiento del esfuerzo del trabajo en equipo.

4.5 Formas de trabajo en el Siglo XXI

Miranda (2019), considera que el Siglo XXI es crucial en la historia de la organización de las formas de trabajar, ya que se presentan aún procesos laborales tradicionales que se resisten a cambiar y al mismo tiempo prácticas laborales asociadas a la cuarta revolución industrial, la automatización.

Mientras que el primer modelo de organización del trabajo, que podemos caracterizar como jerarquizado y con numerosas cadenas de mando, ha sido consecuencia de un proceso evolutivo que se ha ido conformando de forma muy lenta, el segundo modelo que se está abriendo paso en estos momentos lo está haciendo de forma acelerada.

Algunas compañías siguen con sus procesos acostumbrados, no actualizados, sin embargo, eta irrumpiendo en el mercado las formas de trabajo que dependen de la tecnología de punta, que ha modificado la interacción con la materia prima y con el personal de la empresa.

Hoy en día se pueden recibir y enviar correos electrónicos desde cualquier lugar y, por supuesto, desde el propio hogar, y al mismo tiempo podemos participar a través de la videoconferencia en reuniones con personas que se encuentren en cualquier parte del mundo. Igualmente podemos acceder y compartir la documentación de nuestra "oficina" sin estar físicamente en ella y de igual modo podemos estar al día de los últimos avances que se produzcan en nuestro campo profesional sin tener que asistir a reuniones presenciales o conferencias interminables.

El cambio acelerado ha llevado a las organizaciones a tratar de adaptarse a las nueva tecnologías y formas de trabajo, de lo contrario corren un gran riesgo de quedarse obsoletas y fuera de competencia, también el personal puede retirarse y buscar opciones diferentes.

Retener y atraer el talento siempre ha sido una de las mayores prioridades para cualquier empresa. Sin embargo, esto es hoy en día y será aún mucho más importante en el futuro. La robotización y la inteligencia artificial irán desempeñando cada vez más tareas que son susceptibles de automatización y que podemos calificar como repetitivas y generadoras de un escaso valor añadido a la empresa. Cualquier empresa podrá adquirir esos robots o esos programas informáticos. Lo que marcará el éxito o el fracaso de las empresas será el desarrollo y desempeño de las tareas no automatizables y es en estas facetas donde contar con el mejor y mayor talento del mercado será clave para triunfar como empresa o simplemente para no desaparecer.

Es difícil seguir el ritmo de la tecnología y de las nuevas formas, aun varias empresas tienen problema para romper con la tradición de años,

> el modelo jerárquico y con muchas cadenas de mando en el que se tiene un horario fijo y en el que sus empleados aspiran a permanecer en él toda la vida, ya que les proporciona un cierto grado de seguridad económica, es un modelo laboral al que se abrazan muchas empresas y trabajadores. Sin embargo, este modelo es visto cada vez por más capas de la sociedad como poco productivo, escasamente satisfactorio para el empleado y poco eficaz para la empresa.

Los jóvenes profesionistas tienen una ideología diferente a la de los profesionistas adultos, para los jóvenes su mundo gira alrededor del internet,

> para ellos se hace difícil entender el modelo laboral basado en el "presencialismo" que ha sido heredado de las generaciones anteriores. Pero, sobre todo, lo que más valoran estos jóvenes es su libertad personal y el estar atado a un despacho en el que se tiene que ir a trabajar todos los días con un horario fijo y predeterminado es algo que difícilmente encaja en un mundo tan interconectado como en el que siempre han vivido.

Valdivia (s/f), considera que las nuevas formas de trabajo deben estar enfocadas a la relación con los clientes, a los espacios laborales y la seguridad, ya que estarán siendo impactadas por los cambios tecnológicos. El entorno digital actual ha generado cambios en las formas de trabajo de las organizaciones, ha modificado la interacción con los clientes y los empleados. El autor menciona un estudio realizado por Orange Business Services junto con Sia Partners, donde se analizaron estos aspectos, y se obtuvo y concluyo lo siguiente: La mejora en la relación con los clientes, los cuales desean mayor conectividad, personalización e interacción con la empresa. "El 83% de las compañías europeas reconoce que un mejor servicio al cliente es un generador de nuevas formas de trabajo". Surge el tercer lugar de trabajo, las condiciones laborales tienden a ser más flexibles, mejorando la calidad de vida de los empleados, así se optimiza la productividad y se reduce la tensión, el personal puede trabajar en la oficina, en su casa o en cualquier otro lugar apoyándose de dispositivos electrónicos.

> Estos nuevos espacios se conocen como "tercer lugar de trabajo", lo que es posible gracias a las tecnologías colaborativas que permiten tener la movilidad necesaria para poder ejercer las funciones laborales en cualquier lugar y momento (equipos portables que integran telefonía, video, presencia y mensajería instantánea).

El trabajo colaborativo es donde la empresa abre su ecosistema, hay una colaboración real en las formas de trabajo, las plataformas digitales permiten la co-creación, el co-working y la co-innovación. "Las empresas extienden sus herramientas de colaboración a una red cada vez más amplia de proveedores, clientes y socios. El co-working (o trabajo colaborativo) es una nueva tendencia que consiste en recibir a miembros de este ecosistema en una ubicación". Es primordial la seguridad de los datos, de los procesos digitales, por lo que las empresas se esfuerzan en ello.

> Los departamentos comerciales tendrán mayor influencia sobre los proyectos de TI: Si bien los gerentes de TI siguen siendo responsables de la elección del equipamiento y soluciones digitales, los ejecutivos de las otras áreas (es decir, los directores o gerentes de unidades de negocios, de los departamentos de producción, instalaciones, marketing o ventas) tienen cada vez más incidencia en el proceso de toma de decisiones. A su vez, los ejecutivos de recursos humanos también tendrán un papel fundamental participando del proceso de toma de decisiones en relación con el ambiente de trabajo.

Se concluye que las formas de trabajo continuarán cambiando, la era digital es un hecho y se expande rápidamente, se buscará satisfacer las necesidades de los clientes y del personal de las empresas, dando mejor atención al cliente.

Es común preguntarse ¿cuál será el futuro de las formas de trabajo en el Siglo XXI?, expone Morgan (2019), ya que actualmente los avances tecnológicos han sustituido las formas tradicionales por procesos automatizados. "Las revoluciones industriales han generado la tecnología que ahora disfrutas, estoy segura de que das por sentado el hecho de tener energías que hagan posible tu vida cotidiana", de tal forma que cuando carecemos de los beneficios de la tecnología es cuando la extrañamos, la primera y segunda revolución industrial se enfocaron en la energía, la tercera en los celulares e internet, "la cuarta Revolución se refiere a los cambios en la industria que paralelamente irán acompañados de mayores automatizaciones en las funciones de trabajo, y es algo que se encuentra en nuestro presente", ahora encontramos vehículos que no requieren de conductor para circular, también existen aparatos llamados sistema quirúrgico Da Vinci que brindan la posibilidad de realizar cirugías sin que el medicó lo haga manualmente, es decir, interviene a través de una computadora con alta precisión.

Las formas actuales de trabajo han cambiado, la educación profesional deberá adecuarse a estas exigencias de estos procesos, el campo de la educación será ahora flexible y "enfocado en las habilidades que se requieran en la industria o a su potenciación, a efecto de que un alumno pueda convivir con los cambios drásticos que día a día se incorporan a nuestra vida habitual". Surge el Home office, el freelance, el diseño de plataformas digitales, ahora el futuro,

> se refiere al cambio de vida que es urgente para el planeta porque el ser humano ha modificado en tal medida este mundo que, de no tomar acciones urgentes, esto nos llevará a nuestro final como especie y no estoy exagerando. La Nueva Revolución Industrial ha creado automatizaciones.

Luco (2020), ha expuesto que para que una empresa sea eficiente debe contar con un modelo organizacional que genere ideas, tenga control de los procesos internos y facilite la toma de decisiones acertadas, los teóricos consideran que ya no es necesaria ni efectiva la estructura piramidal o modelo Mitzberg, usado en las organizaciones, el cual está basado en jerarquías y establecimiento de lugares y funciones fijas a cada integrante, actualmente se proponen nuevos modelos organizacionales que cambian los esquemas y facilitan los procesos, entre ellos está el modelo de organización plana donde se eliminan los niveles jerárquicos y se le da autonomía al trabajador, se empodera para la toma de decisión en lo que concierne a su área de trabajo. Otro modelo es el Holocrático dónde se forman círculos autónomos, con roles definidos, que toman decisiones y comparten la responsabilidad.

Hace años se planteó la teoría Z, la cual propone que se cuide y valore el recurso humano, que se promuevan las relaciones interpersonales y se trate de tener empleados con alta satisfacción y compromiso laboral, otro modelo que está dando resultados es el Zeitgeist en el cual se divide la organización en cinco áreas principales, (Administración, Mercado, Producción, Ventas y Finanzas), que forman círculos de trabajo, cada una es totalmente autosuficiente, autónoma y tienen el poder de tomar decisiones. De igual forma el modelo Kaizen enfocado en la calidad total y mejora continua promueve entre los trabajadores la búsqueda de propuestas y proyectos. Cada organización buscará establecer una estructura organizacional que se adecúe sus necesidades y capacidades, así como al tipo de empleados que tenga, de tal forma que sea eficiente.

Comenta el autor que en la actualidad las estructuras organizacionales han cambiado, ahora se busca que se trabaje en equipo, se enfocan en el cliente y que el empleado tenga compromiso con la organización, ahora los empleados se consideran socios o colaboradores y tienen un papel activo en la organización, se les da la oportunidad de tomar decisiones, se les escucha en sus propuestas e inquietudes, además se utiliza la tecnología de punta en los procesos. "Se trata de enfocarse en equipos (en donde conviven varias generaciones, con diversos géneros y culturas), en grupos que tomarán decisiones correctas en tiempo real, interconectándose y colaborando entre ellos por un propósito compartido". Google es una empresa que fue pionera en establecer una estructura organizacional que rompe con el paradigma de jerarquía piramidal y estructura rígida, "esta marca es conocida por la buena gestión de su cultura corporativa, gracias a sus métodos de selección de personal y de trabajo siempre procurando el bienestar físico, emocional y económico de sus empleados".

Google se enfoca en diversificar e innovar, cuenta con colaboradores comprometidos, capaces, independientes, creativos que agregan valor a la corporación, para ello ofrecen altos salarios, beneficios, un entorno físico super atractivo y cómodo, el horario y lugar de trabajo es definido por cada persona, además el ambiente es relajado y divertido, con temáticas diversas, buscando que se "desarrollen proyectos específicos que generen una propuesta de valor atractiva para una cantidad importante de público o clientes".

Sin duda, Google puede tener un modelo de negocio muy inspirador que prueba que cuando la gente está más satisfecha, trabaja mejor y genera más ganancias. Nuestra recomendación es no copiar, sino tomar lo mejor de otros modelos organizacionales y adaptarlo a nuestras propias necesidades con el fin de organizarnos mejor, establecer protocolos de actuación, procesos optimizados, trabajos productivos y resultados controlados; apuntando a disminuir o eliminar los niveles de control o de mando de las compañías como mecanismo para ganar agilidad, motivación, eficacia, innovación y transparencia.

El Estudio Alfa Web S.L.U. (2020), manifiesta en su artículo que las redes sociales han modificado en gran medida los procesos organizacionales de reclutamiento y contratación de sus empleados, el 19 por ciento de los gerentes de RRHH toman sus decisiones de contratación en función de la información encontrada en las redes sociales. De acuerdo con la encuesta de reclutamiento de redes sociales de CareerBuilder de 2016, el 60 por ciento de los empleadores utilizan sitios de redes sociales para buscar candidatos. Las redes sociales profesionales como LinkedIn son importantes plataformas para cualquier persona que busque destacarse en su profesión. Permiten a las personas crear y comercializar una marca personal.

También los procesos de capacitación y desarrollo han sido modificados, ahora son más valorados los trabajadores que han desarrollado sus habilidades en redes sociales, una encuesta de 2013 realizada por Pearson Learning Solutions informó un aumento significativo en el uso de las redes sociales en el aprendizaje. Más de la mitad de los educadores entrevistados estuvieron de acuerdo en que el intercambio social fomenta la interacción, proporcionando un entorno que fomenta el aprendizaje. Blogs, wikis, LinkedIn, Twitter, Facebook y podcasts son ahora herramientas comunes para el aprendizaje en muchas instituciones educativas. Las redes sociales han contribuido al aumento del aprendizaje en línea a larga distancia. A pesar de los problemas de falta de privacidad y algunos casos de trampas entre los estudiantes de larga distancia, esto no ha disuadido a las plataformas sociales de ser utilizadas en la educación.

4.6 Impacto de la publicidad en el comportamiento social

Argudo (2019), expresa que todos estamos expuestos a campañas publicitarias que tienen el objetivo de cambiar el comportamiento social, promoviendo el reciclaje, fomentando buenos hábitos alimenticios, de salud, ecológicos, económicos, etc., sin embargo, pocas veces las personas se ponen a pensar el ¿por qué algunas campañas tienen más éxito que otras? El autor ofrece un análisis de los factores que favorecen a la publicidad en su impacto social. La publicidad ha sido practicada por varios años y en la mayoría de las veces está enfocada a producir un cambio social, ya sea mediante el consumo de algún producto o servicio o su aceptación incluso en ámbitos como el político se utiliza la publicidad. En realidad, existen muy variadas formas de tratar de modificar los comportamientos humanos individuales y sociales.

En general los mensajes publicitarios deben enfocarse a un mercado meta o segmento de la población que sea capaz de aceptar y promover el cambio, debe tener credibilidad, "una figura respetable y creíble un influencer en este caso, ayudará mucho a transmitir el mensaje, que este sea creído y, en algunas circunstancias, emulado". El canal de difusión del mensaje debe ser sólido y adecuado para que llegue a su destino de manera clara y correcta, además de ser transmitido con frecuencia. "Los cambios sociales pueden tener su origen en intereses gubernamentales, empresariales u otras organizaciones". Serán más impactantes cuando fomenten un cambio positivo, que tengan un beneficio social visible y palpable en un periodo de tiempo corto, sin un costo alto económico o en esfuerzo.

El autor incluye algunos aspectos que dificultan el impacto de la publicidad en la sociedad, cuando el mensaje es rechazado, "un ejemplo de ello es, si las empresas quisieran que la sociedad consuma productos reciclados (por ejemplo, de upcycling), la campaña de marketing debería estar orientada a las personas que potencialmente estén interesadas". Si es un gran volumen de personas las que rechazan el mensaje de cambio social, será más difícil lograrlo, por lo que "las campañas publicitarias deberían estar dirigidas a los segmentos sociales con capacidad de cambio y proyección de influencia", con la intención de que la población que ha aceptado y adoptado el cambio persuada a otros de aceptarlo.

García-Sánchez (2016), considera que las acciones que presentan las personas al momento de consumir un producto son afectadas por la publicidad que reciben, se vive una época plagada de anuncios publicitarios, se observan carteles, comerciales en t.v., anuncios en las redes sociales, y todo ello genera una influencia en lo que se compra y como se compra. La publicidad manipula los hábitos de consumo de la población. Algunos estudios muestran que entre los 18 y los 34 años las personas son más propensas a ser influenciadas por la publicidad. Además de su objetivo de persuadir a los ciudadanos para que consuman un producto, la publicidad en general contribuye a deformar la sociedad ética y psicológicamente, ya que induce a las personas a "adoptar comportamientos no armónicos con sus intereses sino más bien con los de aquel que anuncia comercialmente algo". La autora recomienda no dejarse influenciar por los anuncios publicitarios, sino razonar las compras que realmente se tengan que realizar.

Bassat (2019), plantea varias claves para que la publicidad genere un cambio en el comportamiento social, el autor considera que si la publicidad observada les gusta a las personas, tiene mayor posibilidad de vender el producto, "cuando lo relacionamos con los cambios sociales tiene mucho sentido, pensemos por un momento en las campañas publicitarias contra el cambio climático, muchas veces estas campañas presentan un mensaje pesimista y negativo que produce: rechazo, impotencia, desapego y no impacta". Se recomienda presentar mensajes positivos, que vayan encaminados a que la persona actúe, se comparta la idea y genere impacto en sus vidas. Se debe definir un grupo de público objetivo, que este informado sobre el producto o servicio, en cuanto a sus ventajas y consecuencias. Es importante tratar de establecer hábitos de consumo en la población, esto se da con la constancia y repetición del mensaje, brindar el ejemplo, mediante el compromiso organizacional de quién presenta la campaña publicitaria, si el público considere que la información es falsa o no se cumple con lo ofrecido, el impacto será nulo y no se logrará un cambio social.

El impacto de las redes sociales es analizado en el artículo publicado por el Estudio Alfa Web S.L.U. (2020), lo que el artículo comparte es información sobre la tecnología de las redes sociales y su efecto en las personas, ya que se ha visto que la tecnología ha evolucionado enormemente en los últimos veinte años, su ritmo de actualización en muy rápido, y de igual forma las redes sociales se van adecuando. El uso de los teléfonos celulares ha popularizado el ingreso y navegación en las redes sociales, pasando un gran número de minutos en línea. En este sentido las redes sociales van más allá de ser un medio de recreación y convivencia con amigos, ahora son utilizadas con fines comerciales, políticos, culturales, educativos e innovadores que generan un gran impacto en la comunidad que las utiliza.

Los miembros de Facebook son casi la cuarta parte de la población del planeta, solo en Estados Unidos de Norteamérica el 80% de los usuarios de internet lo utilizan. "Debido a que las redes sociales se alimentan de las interacciones entre las personas, se vuelven más poderosas a medida que crecen". Al pertenecer a estos medios las personas se sienten aceptadas y acompañadas, aumenta la convivencia virtual debido a que publican chistes, expresan su opinión, contactan amigos y reciben me gusta en sus publicaciones. De igual forma con las publicaciones en las redes sociales los problemas sociales, éticos y ambientales se difunden y causan reacciones entre los usuarios, "la mayor visibilidad de los problemas ha desplazado el equilibrio de poder de unas pocas manos a las masas".

No solo aspectos con impacto social positivo se presentan con el uso de las redes sociales, también se dan consecuencias negativas, por un lado, se ha disminuido la actividad física, ahora la participación social dejo de ser por medio del activismo real y lo remplazo el slacktivismo que es definido por Vázquez (2013), "como una forma de protestar y mostrar un cierto compromiso con causas que a todas luces nos parecen nobles". Al participar en estas campañas de protesta, se adquiere una reputación online "y nos muestra como comprometidos, inteligentes, sensibles y con ideales. No obstante, pocas veces hacemos algo real que no sea activismo de sillón". A este respecto el Estudio Alfa Web S.L.U. (2020), considera que este tipo de activismo de sillón pueda generar realmente conciencia en las personas, o solo sea aparente su inconformidad.

El Estudio Alfa Web S.L.U. (2020), en su artículo contempla que el gran auge del uso de las redes sociales significa que ahora las organizaciones las utilizan para llegar a los clientes de una forma rápida y sencilla. "Las empresas se han dado cuenta de que pueden usar las redes sociales para generar ideas, estimular la demanda y crear ofertas de productos específicos". Las organizaciones que utilizan las redes sociales entre sus colaboradores fortalecen el intercambio de conocimientos, mejoran las actividades en torno a los proyectos y difunden sus resultados. "La implementación completa de las tecnologías sociales en el lugar de trabajo elimina los límites y puede aumentar la interacción y ayudar a crear trabajadores más altamente calificados y conocedores". Sin embargo, no todo es miel sobre hojuelas, el mundo virtual puede generar desconfianza y disminuir la credibilidad empresarial.

Curiosamente, aunque el uso de redes sociales se ha convertido en la norma en lugar de la excepción en los negocios, algunas empresas, después de experimentar de primera mano algunos efectos negativos de las redes sociales, han decidido ir a contracorriente y eliminar los botones de redes sociales de sus sitios web.
Existe un doble impacto social por el uso de las redes sociales en la publicidad, tiene aspectos positivos y negativos, por ejemplo, si un producto resulta atractivo se pueden disparar las ventas del mismo, pero sí se percibe que el producto es dudoso, los clientes desconfían del mismo y de la compañía.

Ejercicios Capitulo 4

I. Número de práctica: 1 II. Nombre: Cuadro comparativo de los tipos de grupo en su comunidad y sus características.

III. Competencia(s) a desarrollar:
   ✓ Capacidad de organizar y planificar.
   ✓ Habilidad de buscar y analizar información proveniente de fuentes diversas.

IV. Introducción: El alumno realizará un análisis amplio de los tipos de grupo y sus características. Con la información obtenida se realizará un cuadro comparativo que le permitirá visualizar gráficamente las similitudes y/o diferencias entre los diferentes tipos de grupo.
V. Medidas de seguridad e higiene: 1.   Se requiere de mobiliario escolar, dónde el alumno pueda trabajar de manera individual, en una forma segura y cómoda. 2.   Se requiere de espacio suficiente en el aula, para poder movilizar el mobiliario y trabajar en equipos.
VI. Material y equipo necesario: Información teórica y cultural, hojas tamaño carta, lápiz, pluma, regla, colores (opcionales)

VII. Metodología:
- ✓ Previo al ejercicio, el docente se asegurará de que el alumno conozca ampliamente la información teórica respecto a los tipos de grupos y sus características.
- ✓ El cuadro comparativo es una forma de organizar gráficamente la información en cuestión, resaltando las semejanzas o diferencias entre los aspectos contenidos.
- ✓ Generalmente se presenta en forma de tabla, donde cada columna contiene los elementos teóricos necesarios o requeridos.
- ✓ Tiempo 50 minutos.

VIII. Pasos a seguir:
17. Determinar la información teórica a utilizar.
18. Explicar a los alumnos que el objetivo del ejercicio es reforzar el conocimiento teórico.
19. Determinar los aspectos, características o puntos a comparar.
20. Elaborar una Tabla de contenido señalando los elementos principales que resaltan en cada concepto.
21. Vaciar de manera personal, los datos correspondientes a cada concepto.
22. Comparar la información con sus compañeros de grupo, trabajando en equipos de 4 o 5 personas.
23. Tiempo de duración de 50 a 60 minutos.
24. Conclusión, comentar voluntariamente el sentimiento personal que generó el ejercicio práctico.

Ejemplo:

TIPO DE GRUPO	CARACTERÍSTICAS
1.-Voluntarios 2.-Involuntarios o coercitivos	
1.-Formales 2.-Informales 3.-Grandes y pequeños	
1.-Muchedumbre 2.-Banda 3.-Agrupamiento	
1.-Pequeños 2.-Grandes	
1.- Educativos 2.-Religiosos 3.-Recreativos 4.-Políticos 5.-Económicos	
1.-Gemeinschafr o comunidad 2.-Gesellschaft o sociedad	
1.-Primarios y secundarios 2.-Interindividuales 3.-Colectivos 4.-Pasajeros 5.-Permanentes 6.-No institucionalizado 7.-Institucionalizado	

IX. Reporte del alumno (discusión de resultados y conclusiones).

X. Bibliografía (emplear formato APA)

I. Número de práctica: 2
II. Nombre: Análisis de la dinámica grupal en un escenario laboral.

III. Competencia(s) a desarrollar:
- ✓ Capacidad de organizar y planificar.
- ✓ Habilidad de buscar y analizar información proveniente de fuentes diversas.
- ✓ Capacidad de análisis y síntesis
- ✓ Aplicar los conocimientos en la práctica.
- ✓ • Habilidades de investigación
- ✓ • Capacidad de aprender
- ✓ • Capacidad de generar nuevas ideas.
- ✓ • Trabajar en forma autónoma

IV. Introducción:
Mediante el ejercicio, los alumnos observarán y reflexionarán sobre la dinámica que se presenta en los grupos en un escenario laboral.

V. Medidas de seguridad e higiene:
1. Se requiere de mobiliario escolar, dónde el alumno pueda trabajar de manera individual, en una forma segura y cómoda.
2. Se requiere de espacio suficiente en el aula, para poder movilizar el mobiliario y trabajar en equipos.

VI. Material y equipo necesario:
Información organizacional sobre los grupos de trabajo.

VII. Metodología:
- ✓ Una vez revisada y comprendida la información teórica sobre los grupos, se procederá a preparar el ejercicio.
- ✓ Explicar al grupo el objetivo del ejercicio, el cual pretende hacer una observación y reflexión sobre la dinámica grupal en un escenario laboral.
- ✓ Tiempo dos semanas.

VIII. Pasos a seguir:
1. Se formarán equipos de 4 alumnos máximo.
2. Cada equipo definirá los roles que desempeñaran sus integrantes.
3. Cada equipo buscará una organización que les permita realizar la observación para el análisis.
4. Cada equipo acudirá a la organización y solicitará información sobre los grupos y equipos de trabajo.
5. Una vez identificados los grupos y equipos de trabajo, se procederá a realizar la observación sobre su comportamiento.
6. Cada equipo se responsabilizará de tomar notas sobre las formas de trabajo de los grupos y equipos en la organización.
7. Analizar los resultados obtenidos.
8. Realizar un informe con la información analizada.
9. Entregar el informe por escrito, en un documento de Word.

Ejemplo:

Características observadas	Equipo/grupo 1	Equipo/grupo 2	Equipo/grupo 3	Equipo/grupo 4	Equipo/grupo 5
Comunicación					
Coordinación					
Establecimiento de objetivos					
Funciones					
Roles					
Cohesión					
Liderazgo					
Resultados					

IX. Reporte del alumno (discusión de resultados y conclusiones).

X. Bibliografía (emplear formato APA)

CAPITULO 5 IMPACTO SOCIAL DE LAS ORGANIZACIONES

El impacto social se define como el efecto social el cual incluye personas y comunidad, que se presenta como resultado de las acciones de un programa o proyecto político o empresarial. Pérez-Porto y Gardey, (2018), exponen que el término impacto se deriva del latín impactus que se entiende como el efecto emocional o físico que produce una actividad, por lo que el impacto social se puede entender como el resultado o consecuencia de una acción en la comunidad. El impacto social de las organizaciones se consideraría como las actividades de una organización que generen cambios en las personas y comunidades de su entorno.

Es el sector privado de la sociedad quién sostiene el crecimiento económico de la comunidad, ya que genera el 90% del empleo global, argumenta Ortiz-Travado (s/f), también son los encargados de producir bienes y servicios que impactan la vida de las personas. Este sector puede:

fomentar un crecimiento económico más inclusivo y sostenible a través de su propia actividad empresarial, generando empleo digno, respetando los derechos humanos, creando nuevos productos y servicios que atienden mercados subatendidos y abriendo oportunidades de desarrollo para los eslabones más vulnerables de su cadena de valor. Una empresa sana no puede subsistir en entornos con problemas; al contrario, el propio desarrollo de su entorno abre enormes posibilidades de prosperidad compartida.

Menciona la autora que, si se cumple con la propuesta de la Comisión para la Empresa y el desarrollo sostenible, en cuanto a la inversión monetaria en alimentación, agricultura, energía, salud y bienestar, se contribuiría a resolver parte de la problemática social y aumentaría la calidad de vida de millones de personas a nivel global. Así mismo la Comisión sugiere que la sociedad este pendiente de que las empresas se apeguen a los objetivos de desarrollo sostenible (ODS) propuestos por la Organización de las Naciones Unidas (ONU) y se responsabilicen del impacto social y ambiental, que velen por el planeta y las generaciones futuras mediante la inclusión y la equidad de género. Las acciones empresariales deberán estar realizadas con ética y buscando obtener una ventaja competitiva, lograr un liderazgo empresarial, un desarrollo sostenible, mejor prestigio ante los clientes y su personal colaborador, mejor aceptación global, legitimidad, estabilidad, calidad, productividad, capacidad innovadora, mejores resultados, diversificación de productos y servicios, atractivo para los inversionistas, entre otros beneficios.

Sauvanet y Cashmore (2016), consideran que el impacto social está cobrando terreno día con día, las actividades filantrópicas se vuelven cada vez más frecuentes, ahora "estas acciones deben demostrar que han contribuido a cambios positivos y sostenibles en beneficio de la sociedad. Si bien este no era el caso hace varios años, en la actualidad nuestros clientes buscan integrar el impacto social en sus estrategias filantrópicas". Las organizaciones enfrentan un nuevo paradigma, por ello deben centrarse en los resultados y su impacto,

por ejemplo, en lugar de ayudar simplemente a quienes se encuentran en situación de extrema pobreza, dándoles dinero o comida, alguien centrado en el impacto social pensaría de manera más constructiva, abordando los orígenes de la pobreza para poder proponer formas de erradicarla. Como dice el proverbio chino: "Regala a un hombre un pescado y le darás alimento para un día; enseña a un hombre a pescar y lo alimentarás para el resto de su vida".

Las autoras consideran que esta nueva forma de fomentar el impacto social tiene su raíz en la "creciente influencia de la lógica empresarial tradicional en el terreno de la filantropía". En los últimos tiempos ha crecido el interés sobre algunos métodos empresariales como lo es la inversión de impacto y la filantropía, "venture, cuyas raíces residen en el venture capital (método de financiación para aquellas empresas que están en fase de desarrollo y que ya han recurrido sin fortuna a otras fuentes de financiación), y en el capital riesgo o private equity". La preocupación por el impacto social es cada día más practicada, incluso existen empresas que se dedican a estandarizar metodologías que miden el impacto, buscando que se practique con mayor frecuencia.

5.1 Responsabilidad social de las organizaciones

Piedra-Mayorga (2018), comenta que la responsabilidad social empresarial está presente desde "la época victoriana en Inglaterra Robert Owen creó una comunidad industrial, donde la cooperación y el apoyo mutuo eran las normas, introdujo medidas de bienestar, como la sanidad pública y la educación, desterró el trabajo infantil y el maltrato laboral". Los teóricos de la época consideraban que el ambiente afectaba las conductas humanas, cambiando el contexto se podría eliminar vicios y se moldearía el comportamiento favorablemente. En la actualidad el trabajo y preocupación de la Organización de las Naciones Unidas (ONU) y la Organización Internacional del Trabajo (OIT), desde sus inicios en 1914, han propuesto varios principios y derechos humanos encaminados al bienestar y protección d los trabajadores, clientes, medio ambiente y la sociedad en general. Ellos consideran que las organizaciones tienen una responsabilidad ética con la comunidad.

En su Newsletter Responsabilidad Social Empresarial (RSE), (2019), se publicó un artículo denominado Responsabilidad Social: qué es, definición, concepto y tipos, en el cual se considera que la responsabilidad social empresarial es un término que "se refiere al compromiso que tienen los individuos como miembros de un grupo u organización en beneficio de la sociedad", donde convergen varios aspectos, "el ámbito económico, el medio ambiente y la relación de las personas bajo un marco de gobernabilidad." Contar con este valor social conduce a la comunidad a comprender que es labor y responsabilidad de todos el colaborar para que las condiciones sociales sean benéficas para la población. En ese contexto, la responsabilidad social se puede entender como una virtud o valor que genera formas de pensar e ideologías individuales o grupales, que en cierto modo debería ser obligatoria.

El artículo presenta varias definiciones del concepto en cuestión el cual ha evolucionado con el paso del tiempo, entre ellas está la de la comunidad Económica europea, que la define como "el compromiso que tenemos por nuestros impactos en la sociedad", el Centro Mexicano para la Filantropía (Cemefi) considera que la responsabilidad social es "la obligación de responder ante la sociedad en lo general y ante algunos grupos en lo específico", de igual forma para el Instituto Argentino de Responsabilidad Social y Sustentabilidad (IARSE) significa que es "la obligación que los miembros de una comunidad tienen para preservar las buenas condiciones de su alrededor". La Organización de las Naciones Unidas (ONU), expone que "es la conciencia sobre el impacto que nuestras decisiones tendrán en la sociedad en el futuro".

En la Norma internacional ISO 26000, se considera que la responsabilidad social es "el compromiso de una organización ante los impactos que sus decisiones y actividades ocasionan en la sociedad y el medioambiente, a través de un comportamiento transparente y ético". Por lo que el impacto social de las acciones de una organización puede derivar es aspectos negativos para las personas y el medio ambiente, por lo que es una cuestión de conciencia ética y moral, por lo que se deben considerar las repercusiones que los actos organizacionales tendrán. "Esto quiere decir que aquello que hace una persona puede tener consecuencias, ya sean negativas o positivas, en la comunidad, y que el sujeto debe hacerse cargo de ellas".

Vedronik (2001), considera que desde la perspectiva empresarial es complicado determinar la mejor forma de realizar acciones encaminadas hacia la sociedad, ya que están en la mira de los consumidores que frecuentemente emiten su opinión al respecto, los consumidores son los que adquieren y aceptan o no un producto o servicio,

es en este criterio donde interviene de manera sustancial el concepto de Responsabilidad Social Empresaria, que prevé y atiende no sólo las necesidades o características propias de un producto o servicio, sino también que considera el nivel de compromiso de la Empresa con la sociedad, siendo ponderado cada vez con mayor incidencia en las expectativas de los consumidores. Está clara la importancia que implica practicar este tipo de acciones en la realidad corporativa. Por tal motivo, las instituciones que vienen empleando la responsabilidad empresarial, deben ser cada vez más cautelosas en el momento de implementar un Programa de Compromiso Social, y más aún cuando se trata de actividades que involucran a diferentes actores sociales.

Para el autor todas aquellas organizaciones que aún no cuentan con programas de impacto social están en el momento ideal para empezar a hacerlo. Afortunadamente es cada vez mayor el número de empresas que están dispuestas a desarrollar e implementar acciones encaminadas a un beneficio social, por lo que actualmente existen una gran cantidad de programas que ayudan a la sociedad a cubrir sus necesidades, "las compañías deben buscar estrategias creativas e innovadoras para sorprender constantemente a sus públicos y asimismo lograr diferenciarse de sus competidores actuales". Con ello no solo se benefician los receptores del proceso, sino que las organizaciones ganan prestigio entre los consumidores y su personal.

La Responsabilidad Social Empresaria interpreta la estrecha relación del éxito de los negocios, con la percepción del cliente según el grado de compromiso o involucramiento social. La cultura de los medios de comunicación hace que la imagen de los candidatos sea uno de los factores más importantes de la planificación estratégica en la comunicación política.

Para Romero-González (2017), las organizaciones hoy en día hacen uso de la responsabilidad social como una ventaja competitiva que les brinda valor agregado, la autora cita a Cordero y de la Cruz (2012), que conceptualizan la responsabilidad social como el conjunto de obligaciones y compromisos, legales y éticos, nacionales e internacionales de una determinada organización con sus partes interesadas; entendiendo como partes interesadas o grupo de interés a cualquier individuo o grupo, interno o externo a ella, que pueda afectar o ser afectado por sus políticas, objetivos, decisiones y acciones a corto, mediano o largo plazo.

La responsabilidad social para Cordero y de la Cruz (2012), mencionados por el autor del artículo, está ligada a las características de la empresa y su entorno, buscando un beneficio mutuo, por lo que las organizaciones deben establecer sus propios modelos de gestión de responsabilidad social.

Expone Piedra-Mayorga (2018), que la responsabilidad social en las empresas es un aspecto necesario para subsistir, debido a las cuestiones ambientales del cambio climático y la degradación del tejido social de las poblaciones. Debido a que las organizaciones son las encargadas de brindar empleo a la población y de proveer de los productos que se necesitan, deben esforzarse por ser empresas socialmente responsables, incluyendo la solución de problemas sociales, medioambientales, financieros, con sus colaboradores y en sí con toda la comunidad.

Las 10 empresas mejor calificadas de México son: Cemex, Coca-Cola, Coca- Cola Femsa, Hewlett-Packard, Cuauhtémoc Moctezuma, Wal-Mart, Home Depot, Herdez, Telefónica, de 70 empresas registradas, las mejor evaluadas son extranjeras.

Una empresa socialmente responsable se preocupa y ocupa de su comunidad, por el medioambiente, por sus trabajadores, clientes, gobierno. "Responsabilidad social significa el grado de obligaciones que una organización asume por medio de acciones que protejan y mejoren el bienestar de la sociedad, con una combinación de aspectos legales, éticos, morales y ambientales". Parte de este proceso es crear nuevos empleos, brindar salarios justos, mejorar los ambientes de trabajo, cumplir con sus obligaciones gubernamentales (pago de impuestos), se debe producir con calidad y brindar los servicios de forma correcta.

5.1.1 El entorno social de una organización

El cambio organizacional es constante y no puede detenerse, por lo que las organizaciones deben buscar adaptarse a él o serán destinadas a fracasar, expresa Baranda-Pacheco (2018), como medida de subsistencia las organizaciones deben conocer su entorno, para ello es necesario realizar análisis frecuentes que las lleven a identificar las características políticas, los aspectos económicos, sociales y culturales que los rodean. De esta forma podrán establecer estrategias de producción, de mercadeo, de servicio al cliente, para cumplir con los aspectos legales impuestos por el gobierno. "Con esto podrán visualizar diversos escenarios posibles, las dificultades y amenazas que hay en el ambiente, que pueden beneficiar o perjudicar a la organización". En el ambiente externo de las organizaciones se encuentran el microentorno y el macroentorno, "una organización que está enterada de lo que ocurre tanto dentro como fuera de su entorno, estará mejor preparada para adaptarse a los cambios y tener bien respaldada cualquier decisión que realicen".

Sánchez-Pecharromán (s/f), plantea el cuestionamiento de si ¿las empresas deben concebir un entorno digital para sus empleados?, en su artículo el autor plantea lo que ello implicaría. Es sumamente conocido el uso de las redes sociales como parte cotidiana de la vida de las personas y las organizaciones, pero ¿el disponer de una intranet social sería solo una tendencia moderna o realmente su empresa ha alcanzado un nivel de madurez que lo requiera?, para ello es necesario explicar qué es una intranet social, es sabido que las organizaciones que cuentan con un "Know How", que son expertas en su proceso, corren el riesgo de sufrir una fuga de ideas, esto las lleva a considerar la utilización de herramientas que faciliten la gestión del conocimiento entre las áreas de la empresa. Durante algunos años las herramientas utilizadas para la gestión del conocimiento, han sido insuficientes e inseguras, por otro lado, se enfrentan a la resistencia el personal de compartir el conocimiento con otros departamentos.

Todo este contexto ha facilitado el desarrollo y la introducción de intranet social, que proporciona un entorno seguro de interacción e intercambio de conocimientos entre los empleados de una organización, se busca facilitar los procesos de comunicación efectiva, utilizando la herramienta para compartir conocimientos e información cotidiana de su quehacer en la empresa. El beneficio que se obtiene es optimizar el tiempo, facilitar el trabajo, evita caer en errores de duplicar funciones, en sí, vuelve a la organización eficiente y competitiva.

Pero si el uso de la intranet aún es reducido en muchas empresas, ¿cómo vamos a plantearnos que además se plantee un uso social? Actualmente, están cada vez más en boca de todos, herramientas como wikis, chats, blogs, foros o simples carpetas compartidas dentro de las herramientas ofrecidas por las empresas a sus empleados, pero es cierto que, generalmente, no están integradas dentro de un mismo entorno.

Si se unifica la herramienta de intranet social para todos los procesos y empleados, el personal se sentirá cómodo y seguro, además maximicen el uso del tiempo. Todo se puede lograr si se desarrolla un proyecto de gestión del cambio, donde participen todos, se les explique el funcionamiento y beneficio, los usuarios de la intranet social estarán divididos en grupos afines a su perfil, pero no debemos tener miedo al cambio o a que los empleados hablen de nosotros como empresa. Por supuesto que debe haber una moderación, pero estas vías ya las utilizan en su día a día, en la máquina de café, a través de correos electrónicos o de chats de grupo. Lo que pretendemos ahora es aprovechar los cambios tecnológicos para ofrecer un entorno único de interacción que permita a la compañía sacar el máximo provecho del conocimiento y las inquietudes de sus empleados.

5.1.2 Impacto de las organizaciones en el entorno social

Actualmente las organizaciones son reconocidas no solo como un ente económico, sino que también social, ya que juegan un papel importante en el desarrollo de una comunidad, su radio de influencia va más allá de la producción, comercialización o prestación de un servicio. Expone Tamayo (2017), "Las revoluciones industriales del pasado provocaron cambios sociales importantes, cambiando no solamente los modelos de trabajo, sino las relaciones sociales y el papel que desempeñan los diferentes actores dentro de la sociedad". En cada etapa de la historia las formas de vida y de trabajo se han modificado, desaparecen los artesanos y surgen los obreros, creando un nuevo estrato social, cada acción de una empresa tiene un impacto en la sociedad. En la actualidad las formas sociales y de trabajo también han evolucionado, ahora se vive la era digital o revolución 4.0 donde se adoptan en las organizaciones procesos robóticos, automatizados que han desplazado a los humanos.

Es ahora cuando se hace viral la tendencia de cuidar el medio ambiente, se busca un crecimiento con desarrollo sostenible, donde se involucran todos los actores sociales, gobierno y comunidad. En este proceso las empresas juegan un papel muy importante, buscando ser empresas socialmente responsables, ya que "tienen una responsabilidad sustentable que incluye tanto la social como la ecológica. Teniendo la parte económica como el medio, no el fin, para lograr la plena sustentabilidad que se mencionan en los Objetivos de Desarrollo Sostenible". Las empresas en su función generan riqueza, que les permite enfocar sus recursos a alcanzar los objetivos de sostenimiento económico, social y ecológico.

Barco-Sousa (2013), argumenta que la organización debe tener conocimiento de que sus acciones tienen un impacto en la sociedad, sobre todo en su entorno inmediato. "Los entornos donde están ubicadas las empresas, pueden sufrir tanto externalidades negativas (impacto paisajístico, fluctuaciones en el valor del suelo…) como positivas (mejoras en las vías de comunicación, aumento de la renta disponible…)". Las organizaciones con responsabilidad social ejercen una interacción armónica con su entorno, mediante dialogo y cooperación, visualizan los impactos e implementan medidas para minimizar los efectos negativos y acrecientan lo positivo. A mayor compromiso social, más fuerte será el vínculo empresa – comunidad, lo cual mejora su imagen corporativa.

Ante la responsabilidad ética y moral de las organizaciones de velar por el desarrollo sustentable de la sociedad y la falta de marcos legales que la sustenten, el autor cita que en el 2006 el World Business Council for Sustainable developmet (http://www.wbcsd.org), se enfocó a trabajar en una metodología que evalúe la contribución de las empresas en su comunidad en el ámbito económico y social. Está metodología está basada en las acciones empresariales, con ella se intenta dar respuesta a las inquietudes o dudas de las empresas, se pretende involucrar a los grupos de interés y que participen, es flexible y adaptable a cualquier tipo o tamaño de empresa, se divide en cuatro pasos. En el primero se definen los límites, alcances y aspectos a evaluar, planteamiento de los objetivos, delimitación geográfica, recopilación de la información, en el segundo paso se miden los impactos directos e indirectos, lo que se puede o no controlar y donde impacta, se identifican los indicadores del impacto. En el tercer paso se evalúa la contribución al desarrollo del área a evaluar. Se busca la participación de los grupos de interés, se consulta a los involucrados, se plantean hipótesis y se comprueba. En el último paso se redefinen las metas gerenciales, contemplando los riesgos y oportunidades. Se desarrolla un plan de acción y se monitorea el progreso.

Las empresas sociales se caracterizan por trabajar con el objetivo de obtener un beneficio económico y a la vez beneficiar a la comunidad, argumenta Sánchez (2018), el nuevo modelo organizacional de las startups o empresas de nueva creación, en su mayoría tienden a ir a la vanguardia tratando de mejorar las condiciones de la comunidad, por lo que trabajan proyectos de trascendencia social, con desarrollo sustentable. "Estas compañías emergentes desafían las percepciones actuales del entorno, dirigidos por una misión que tiene como eje la creación de empleo e implementar algunas innovaciones inspiradoras". Los modelos organizacionales han cambiado, ahora los empleados trabajan en equipo y colaboran en diferentes proyectos benéficos para ellos y la empresa.

Las organizaciones ahora se preocupan por incluir en sus proyectos aspectos de beneficio social, tienden a ser emprendedoras, inclusivas, saludables y sustentables.

En cuanto a las definiciones generales, las empresas de impacto social pueden abordar una amplia gama de problemas, como la inclusión social, inclusión financiera y el medio ambiente. Sin embargo, se tiene que pensar en el crecimiento que pueden tener los ingresos para la creación de empleos con el objetivo de generar mayor impacto económico y, por ende, una mejor proyección social.

El autor cita la información del United Way Worldwide quién expresa que el 50% de las personas en edad laboral está conformada por millennials, el 88% de los trabajadores se siente satisfecho cuando su labor tiene un impacto positivo en su comunidad.

Señala el autor que como resultado de una encuesta aplicada por Cone Communications se encontró que el 74% consideran enriquecedor cuando se les da la oportunidad de brindar un apoyo a la comunidad y el 55% prefiere pertenecer a una empresa socialmente responsable. Los colaboradores organizacionales hoy en día tienen la convicción de que deben contar con un propósito aunado a su labor. "En un mercado que es cada vez más competitivo, las empresas buscan tener mejores estrategias para involucrar, reclutar y retener a sus empleados, así como incrementar la productividad y llegar a la audiencia deseada". El autor menciona un estudio realizado por SEFORIS se observó que las empresas que son inclusivas en sus procesos tienden a tener un desarrollo económico de manera más rápida, por lo que dan oportunidad de ofrecer más empleos.

5.2 Influencia de la globalización en las formas de trabajo

Es evidente que la globalización ha venido afectando los ambientes y las formas de trabajo, expone McFarlin (s/f), si bien no se ha tenido el conocimiento total del impacto, pero "en la medida en que más compañías se unen a esta tendencia y se vuelven más diversas, ciertos cambios van surgiendo. Aunque muchos piensan que los cambios son positivos, otros pueden hallarlos no tan beneficiosos". En estos momentos las empresas pequeñas se han encontrado con la situación de que deben cambiar los rumbos, los procesos y sus formas de hacer las cosas, para poder mantenerse competitivas ante el mundo globalizado que genera diversidad cultural en la comunidad y en los lugares de trabajo,

las diferencias en la ética de trabajo y las distintas religiones son temas candentes en todo el mundo. El incremento en la diversidad cultural también ha producido muchos efectos beneficiosos en empresas que obtienen nuevos puntos de vista sobre la gestión y el marketing.

El intercambio empresarial en el mundo globalizado es cada día más frecuente, ahora se llevan a cabo relaciones de negocio con empresas de todo el mundo, esto hace que las condiciones salariales cambien, debido a que los empleados requieren están mejor capacitados pueden recibir un salario más alto, pero no todos los casos resultan benéficos ahora las empresas de países en vías de desarrollo con una calidad de vida precaria, ofrecen su mano de obra con bajo salario, por lo que se vuelven atractivos para instalar las grandes plantas de producción. Esto ha afectado a muchos trabajadores de los diversos países ya que muchas empresas se inclinan por la tendencia de tercerizar. Mientras que las compañías reciben mayores márgenes de ganancias, los salarios potenciales de los empleados se reducen.

Señala la autora que las condiciones sociales con diversas etnias y mezcla de culturas, presentan una gran variedad de creencias, por lo que las empresas enfrentan el reto de unificar las formas de pensar y de realizar el trabajo lo que requiere de un entrenamiento más profundo y extenuante, esto implica mayor gasto en capacitación y entrenamiento.

Para proteger a las empresas y a los empleados nuevos de la discriminación, los gerentes tienen que implementar políticas y ofrecer entrenamiento a los empleados existentes para asegurarse de que todos se acepten entre sí. Esto ha llevado a una mayor apreciación de otras culturas y puntos de vista en ciertas empresas, mientras que también existen empleadores irritables que prefieren un ambiente de trabajo culturalmente menos diverso.

Es importante considerar que las organizaciones deben adaptarse a los estándares que requieren las empresas con las que realizan intercambios comerciales, para ello deben garantizar la seguridad de los empleados y ofrecer mejores condiciones laborales, tanto en ambiente de interacción personal, como en las instalaciones.

Esto beneficia directamente a los empleados que han trabajado previamente en condiciones inseguras o poco higiénicas. Mientras que en algunas zonas las condiciones de trabajo aún dejan que desear, es evidente un incremento en la preocupación por la seguridad de los trabajadores, en especial en las grandes empresas.

La empresa Overlap unida a las fundaciones Exit y Soñar despierto en su artículo Evolución del entorno empresarial y social e impacto en el aprendizaje (2013), plantean un análisis de las condiciones sociales y empresariales que producen un impacto en los procesos de aprendizaje dentro de un escenario laboral. Día a día las empresas cuestionan la efectividad de sus estrategias aplicadas a generar valor a las unidades de negocio con las que realizan intercambios comerciales. "Por este motivo, el desarrollo o la evolución de su «Learning Strategy» se considera como un elemento clave en este entorno de cambio/evolución". Estas nuevas formas en las cuales las empresas deberán implementar aprendizajes efectivos a enfrentar las condiciones actuales demandantes incluyen un mayor conocimiento de los clientes, buscar más información sobre el entorno, deberán brindar garantías a los clientes de un servicio post-venta y atención al cliente, la atención debe ser personalizada.

Las formas de venta están ampliándose al mundo virtual, incursionan en las redes sociales, el contacto con el cliente es personalizado, pero de forma digital. Los recursos humanos están sujetos a cambiar sus procesos de talento y especialización, aumentan los requerimientos para enfrentar este cambio, surge la gestión de personas y liderazgo de equipos deslocalizados, multiculturales y diversos. Habrá que impulsar la gestión del conocimiento desde el punto de vista colaborativo. Es importante brindar servicios que sen simple para el cliente, las compañías y clientes deben adaptarse a las nuevas formas de negocio,

en definitiva, cada vez más nos encontramos la necesidad de que los departamentos de formación se planteen una estrategia de aprendizaje, (Learnig Strategy) que impacte en los programas y elementos de aprendizaje y desarrollo, para proporcionar la respuesta a las necesidades del mercado, transformándose en un elemento determinante en la cadena de valor de la organización.

Barco-Sousa (2016), comenta que en su participación en el III Foro Empresa Responsable sobre el Futuro del empleo, participo del intercambio de información y presentación de informes sobre la evolución de las formas de trabajo y la gestión del talento humano. Entre lo expuesto se vio que la mayoría de las empresas son micro y pequeñas empresas y tienen un gran número de empleados contratados, por ello es grande su contribución económica. Las empresas consideran que deben adecuarse en sus formas de empleo para poder ser competitivas, por lo que sugieren a la población que se esfuerce en acrecentar sus talentos y capacidades, para hacerse más atractivos al empleador.

Respecto a los contenidos de estos informes, suelen coincidir en la previsión de que las habilidades no cognitivas (capacidad de colaboración, innovación, autonomía, automotivación, resolución de problemas…) adquirirán cada vez más importancia y en que asistiremos al nacimiento de nuevos empleos. Así, el "Human Capital Report 2016", del Foro Económico Mundial, afirma que el 60% de los niños que hoy inician la primaria, trabajarán en puestos que aún no existen. Respecto a los factores que más afectarán al empleo en el futuro, se señalan la globalización, la digitalización y cambios tecnológicos, la desregulación, la carrera por la reducción de costes y los cambios demográficos.

El panorama de la globalización es fomentar el libre movimiento de las empresas, sus mercancías y por tanto monetario, así mismo surge un mercado laboral internacional competitivo, por lo que los trabajos se ven afectados en su tipo y la calidad en el empleo.

La influencia de los cambios tecnológicos es tal que el informe "Future of Jobs" del Foro Económico Mundial predice que de aquí a 2020 desaparecerán 5 millones de empleos y se crearán 2.1 millones de nuevos empleos como consecuencia de estos cambios. En cantidad de empleo está claro que el balance no es positivo. Digitalización, desregulación y reducción de costes darán lugar a la creciente externalización de actividades y la solicitud de trabajo bajo demanda, marcadas por la temporalidad y la acentuación de la asimetría en las relaciones. Finalmente, los cambios demográficos, tendrán dos efectos: los movimientos masivos de población desde latitudes menos desarrolladas y/o en conflicto conllevarán un exceso de mano de obra vulnerable y el envejecimiento de la población obligará a la convivencia intergeneracional en el seno de las empresas.

El autor cita que en el foro Económico mundial (2016) el Human capital report se contempla que los empleos del futuro

enfrentan el reto de equilibrar las necesidades de los individuos, empresas y sociedad, de compatibilizar prosperidad económica y social y bienestar para todos ya que, las predicciones parecen apuntar a problemas de acentuadas desigualdad e inseguridad de ingresos que pueden amenazar la estabilidad social.

Es importante cuidar que no se sobrevalore a los trabajadores talento, dejando fuera a la población que no posee talentos especiales. Ahora la educación tiene el compromiso de preparar no solo académicamente a los jóvenes, sino también en aspectos éticos, morales y con valores sociales.

El proceso educativo debe presentar formas de aprendizaje adecuadas a las exigencias actuales, los jóvenes ya no basarán sus carreras profesionales en "una serie de habilidades adquiridas al comienzo de las mismas y actualizadas y perfeccionadas a lo largo de ellas. El desaprendizaje de habilidades adquiridas y el aprendizaje de nuevas habilidades formará parte sustancial de su vida laboral". El necesitar nuevas habilidades laborales no significa cambiar de personal, para ello deben apoyarlos en un proceso de reaprendizaje. Los espacios laborales deben ser adecuados, ergonómicos, con calidad en la atención del empleo, surgen formatos de horario y espacio de trabajo flexibles, el liderazgo va encaminado a gestionar equipos autodirigidos, se requieren empleados empoderados en su área de trabajo, compromiso y responsabilidad empresarial.

El autor menciona que:

No quisiera terminar este post, sin una breve reflexión sobre el significado del empleo. A nivel personal, además de proveer de recursos económicos para el propio sustento, el empleo es una forma privilegiada de contribución a la sociedad. Uno de los elementos generadores de satisfacción en el trabajo, es encontrar sentido en él, misión y propósito, que hacen que la persona se sienta útil. Una empresa responsable que comunique adecuadamente su compromiso a sus empleados puede encontrar en sus prácticas responsables la fuente de una ventaja competitiva de primera magnitud.

Es sabido que los trabajadores son la fuerza laboral de las empresas, forman su capital humano, pero también juegan un rol social y económico importante, ya que por medio de sus salarios ayudan a la economía local y nacional. "La creación de empleo en condiciones adecuadas forma parte del núcleo de la RSE de cualquier empresa".

Ejercicios Capitulo 5

I. Número de práctica: 1 II. Nombre: Investigación del programa de responsabilidad social en una empresa de su comunidad.

III. Competencia(s) a desarrollar:
  ✓ Capacidad de organizar y planificar.
  ✓ Habilidad de buscar y analizar información proveniente de fuentes diversas.

IV. Introducción: El alumno realizará una investigación en diversas fuentes sobre el contenido de un programa de responsabilidad social en una empresa de su comunidad.
V. Medidas de seguridad e higiene: 1.   Se requiere de mobiliario escolar, dónde el alumno pueda trabajar de manera individual, en una forma segura y cómoda. 2.   Se requiere de espacio suficiente en el aula, para poder movilizar el mobiliario y trabajar en equipos. 3. El alumno consultará diferentes fuentes de información vía internet o mediante visitas a las empresas.
VI. Material y equipo necesario: Información teórica y empresarial, hojas tamaño carta, lápiz, pluma, regla, colores (opcionales)

VII. Metodología:
  ✓ Previo al ejercicio, el docente se asegurará de que el alumno conozca ampliamente la información teórica respecto a los programas de responsabilidad social.
  ✓ De forma individual o en equipo llevarán a cabo una investigación sobre un programa de responsabilidad social en su comunidad.
  ✓ Desarrollarán un plan de trabajo.
  ✓ Llevarán a cabo consultas vía internet o mediante entrevistas con personal de las empresas.
  ✓ Tiempo dos semanas.

VIII. Pasos a seguir:
25. Determinar la información teórica a utilizar.
26. Explicar a los alumnos que el objetivo del ejercicio es reforzar el conocimiento teórico.
27. Determinar los aspectos, características o puntos de interés.

IX. Realizar un informe con la información encontrada.

X. Reporte del alumno (discusión de resultados y conclusiones).

XI. Bibliografía (emplear formato APA)

I. Número de práctica: 2 II. Nombre: Análisis de la dinámica grupal en un escenario laboral.

III. Competencia(s) a desarrollar:
   ✓ Capacidad de organizar y planificar.
   ✓ Habilidad de buscar y analizar información proveniente de fuentes diversas.
   ✓ Capacidad de análisis y síntesis
   ✓ Aplicar los conocimientos en la práctica.
   ✓ • Habilidades de investigación
   ✓ • Capacidad de aprender
   ✓ • Capacidad de generar nuevas ideas.
   ✓ • Trabajar en forma autónoma

IV. Introducción: Mediante el ejercicio, los alumnos observarán y reflexionarán sobre la dinámica que se presenta en los grupos en un escenario laboral.

V. Medidas de seguridad e higiene:
   3. Se requiere de mobiliario escolar, dónde el alumno pueda trabajar de manera individual, en una forma segura y cómoda.
   4. Se requiere de espacio suficiente en el aula, para poder movilizar el mobiliario y trabajar en equipos.

VI. Material y equipo necesario: Información organizacional sobre los grupos de trabajo.

VII. Metodología:
- ✓ Una vez revisada y comprendida la información teórica sobre los grupos, se procederá a preparar el ejercicio.
- ✓ Explicar al grupo el objetivo del ejercicio, el cual pretende hacer una observación y reflexión sobre la dinámica grupal en un escenario laboral.
- ✓ Tiempo dos semanas.

VIII. Pasos a seguir:

10. Se formarán equipos de 4 alumnos máximo.
11. Cada equipo definirá los roles que desempeñaran sus integrantes.
12. Cada equipo buscará una organización que les permita realizar la observación para el análisis.
13. Cada equipo acudirá a la organización y solicitará información sobre los grupos y equipos de trabajo.
14. Una vez identificados los grupos y equipos de trabajo, se procederá a realizar la observación sobre su comportamiento.
15. Cada equipo se responsabilizará de tomar notas sobre las formas de trabajo de los grupos y equipos en la organización.
16. Analizar los resultados obtenidos.
17. Realizar un informe con la información analizada.
18. Entregar el informe por escrito, en un documento de Word.

Ejemplo:

Características observadas	Equipo/grupo 1	Equipo/grupo 2	Equipo/grupo 3	Equipo/grupo 4	Equipo/grupo 5
Comunicación					
Coordinación					
Establecimiento de objetivos					
Funciones					
Roles					
Cohesión					
Liderazgo					
Resultados					

X. Reporte del alumno (discusión de resultados y conclusiones).

XI. Bibliografía (emplear formato APA)

CONCLUSIÓN

Habiendo revisado el material teórico disponible de manera impresa y digital, con mayor actualidad sobre el tema de Dinámica social, se concluye que existen conceptos, propuestas y aspectos relevantes, contemporáneos y adecuados a la situación social que se vive en estos momentos en México y el mundo, de tal forma que proporcionan a la comunidad estudiantil y docente del ámbito profesional material e información científica que brinden un soporte teórico científico a la materia de Dinámica social. Considero que la información presentada en el libro es de suma importancia para el adecuado estudio y comprensión de los comportamientos sociales en la vida cotidiana de la comunidad y de igual forma de las formas de comportamiento social en los escenarios laborales.

Se ha hecho una revisión teórica desde los orígenes del estudio científico de la sociología y la dinámica social, su evolución en formas de estructura social, se vinculó el aspecto social con los aspectos biológico y psicológicos del ser humano, dando lugar a la conjunción de los tres aspectos en un comportamiento individual de cada sujeto, se contemplan los factores sociales que permiten el desarrollo de comportamientos adecuados y aceptados por el grupo, de igual forma se han analizado teóricamente los factores sociales que tienen influencia en el grupo para generar comportamientos.

Mediante la revisión bibliográfica y del estudio del arte en sociología y dinámica social, se han observado situaciones de conducta similares en diferentes países al nuestro, ya que se tuvo la oportunidad de revisar planteamientos realizados por autores de varios lugares del mundo, por lo que se considera que en México contamos con aspectos teóricos a nivel mundial, lo cual brinda a los alumnos la oportunidad de contar con un panorama globalizado en el mundo de la sociología.

Es importante promover mas investigación en México, para desarrollar conocimiento y propuestas científicas propias en las diferentes comunidades del país, ya que es muy amplia su diversidad cultural y no existe suficiente información al respecto. Lo que presenta para la comunidad científica un amplio campo de estudio y desarrollo de investigación.

Espero que las Universidades, Tecnológicos y centros de investigación dediquen mayor esfuerzo y presupuesto para el análisis de los comportamientos de la sociedad mexicana, la cual es rica en cultura y formas de vida. Nuestro país presenta una diversidad cultural rica en procesos, creencias, rituales usos y costumbres, ideologías, formas de vida y trabajo que proporcionan una oportunidad de estudio.

Considero que la información revisada y analizada es muy enriquecedora, sin embargo, existe aun mucho trabajo que se puede realizar, espero poder contar con la oportunidad de complementar los datos y artículos encontrados. Por lo pronto espero que la publicación de este documento tenga la opción de ser analizado y aplicado en la impartición de la materia.

REFERENCIAS BIBLIOGRÁFICAS

Álvarez T., 2011, Liderazgo y coaching, Instituto de Psicología Empresarial, España. http://www.coachesgroup.com/articulos/item/22-el-directivo-coach

Amnistía Internacional Argentina, 2015, Cultura y normas culturales, Argentina. http://www.midecision.org/modulo/cultura-normas-culturales/

Ardila R., 2014, Psicología Fisiológica, Trillas, México.

Arias, F., 1990 y 2001, Administración de Recursos Humanos, Editorial Trillas, México.

Argudo J., 2019, ¿Cuándo puede la publicidad cambiar el comportamiento social?, Marketing online para pequeñas empresas y startups, marketing online en Mailrelay.com, España. https://www.joseargudo.com/publicidad-comportamiento-social/

Arredondo F., 2010, La integridad en el liderazgo transaccional y transformacional, una aproximación ética al tema, XV Congreso Internacional de Contaduría, Administración e Informática, Asociación Nacional de Facultades y Escuelas de Contaduría y Administración, México. http://congreso.investiga.fca.unam.mx/docs/xv/ponencias/191.pdf

Atlantic International University (AIU), 2019, Estructura social, Atlantic International University, Honululu, Estados Unidos Americanos. http://cursos.aiu.edu/Sociolog%C3%ADa%20Jur%C3%ADdica/PDF/Tema%203.pdf

Barajas-Martínez J., 2010 ¿Qué es la sociología?, Universidad Complutense, Madrid. http://www.carlosmanzano.net/articulos/Barajas03.htm

Baranda-Pacheco M., 2018, Ambiente Externo y Entorno de las Organizaciones, Gestiopolis, Colombia. https://www.gestiopolis.com/ambiente-externo-y-entorno-de-las-organizaciones/

Barco-Sousa J., 2013, Impacto de la Actividad Empresarial, Blog RSE, España. https://www.responsabilidadsocialempresarial.com/?p=250

Barco-Sousa J., 2016, El Futuro del Empleo, Blog RSE, España. https://www.responsabilidadsocialempresarial.com/?p=412

Barra E., 1998, Psicología social, Universidad de concepción, Chile. https://www.passeidireto.com/arquivo/52949545/psicologia-social/23

Bassat L., 2019, Claves de la publicidad para el cambio social, Marketing online para pequeñas empresas y startups, marketing online en Mailrelay.com, España. https://www.joseargudo.com/publicidad-comportamiento-social/

Berenstein M., 2008, Liderazgo carismático, Emprendedores.News, Argentina http://www.emprendedoresnews.com/liderazgo/liderazgo-carismatico.html

"Cambio social", 2020, Cambio social, EcuRed, Enciclopedia Online, Cuba. https://www.ecured.cu/Cambio_social

Campoy M., 2010, Los fundadores de la Sociología, Universidad Complutense de Madrid, España. https://eprints.ucm.es/10694/1/fotos_cl%25C3%25A1sicos.pdf

Cano M., 2006, El liderazgo transformacional: sustento de las organizaciones de clase mundial, Instituto de Investigaciones y Estudios Superiores de las Ciencias Administrativas, Universidad Veracruzana, México. http://www.uv.mx/iiesca/revista/documents/liderazgo2006-2.pdf

Carrillo A., (s/f), Comportamiento social: definición y teorías explicativas, Psicología y mente, Universitat Oberta de Catalunya, España. https://psicologiaymente.com/social/comportamiento-social

Castells M., (s/f), Materiales para una teoría preliminar sobre la sociedad de redes, Traducción de Carmen Gálvez, Oxford, Inglaterra. http://www.educacionyfp.gob.es/dam/jcr:87aa5687-d236-4e89-8bc6-d056c26bc3c5/re20010410351-pdf.pdf

Collazos M., (s/f), Tema 4: La cultura y el proceso de socialización, España. http://www.marisolcollazos.es/Sociologia-complemento/pdf/SOC04.pdf

Corbin J., 2016, Los 8 tipos de familias (y sus características): Conoce las distintas estructuras de este agente socializador fundamental, Psicología y mente, Universitat Oberta de Catalunya, España. https://psicologiaymente.com/social/tipos-de-familias

"4 Criterios principales utilizados en la determinación de la clase social", 2010, Locallux, España. https://es.triangleinnovationhub.com/4-main-criteria-used-determination-social-class

"Cultura", (s/f), EcuRed, Enciclopedia Online, Cuba. https://www.ecured.cu/Cultura

Dávila A., 2018, Los valores sociales, Poder Edomex, Periodismo Online, México. https://poderedomex.com/los-valores-sociales/

Davis K. y Newstrom J., 1995 y 2003 Comportamiento Humano en el Trabajo, Editorial McGraw Hill, México

Del Risco R., 2015, Las clases sociales y el marketing, Periódico Online El Dinero, Republica Dominicana. https://www.eldinero.com.do/19048/las-clases-sociales-y-el-marketing/

Diccionario Enciclopédico Visual, 1997, Visual, México.

Eagly A., Wood W., Johannesen-Schmidt M., 2004, Teoría del Rol Social: diferencias y semejanzas de acuerdo al sexo. Consecuencias en las preferencias para elección de pareja de mujeres y hombres, bibliopsi.org, Biblioteca virtual de psicología, Northwestern University, Estados Unidos. https://www.bibliopsi.org/docs/carreras/obligatorias/CFG/03social/wainstein/primer%20cuatrimestre%202020/Unidad%206/Eagly%20-%20Teor%C3%ADa%20del%20rol%20social.pdf

Enciclopedia Autodidáctica Estudiantil, 1999, Visual, México.

Enciclopedia Cubana (Ecured.cu), 2020, Sociedad, Enciclopedia Cubana, Cuba. https://www.ecured.cu/Sociedad

Enciclopedia de Clasificaciones, 2017, Tipos de grupos, Web educativa, España. https://www.tiposde.org/ciencias-sociales/96-tipos-de-grupos/

Estudio Alfa Web S.L.U., 2020, El impacto de las redes sociales en la sociedad, Agencia de Marketing Online, Blog, Redes sociales, España. https://estudioalfa.com/el-impacto-de-las-redes-sociales-en-la-sociedad

"Evolución del entorno empresarial y social e impacto en el aprendizaje", 2013, Overlap, Fundación Exit y Fundación Soñar Despierto, España. https://www.overlap.net/blog/general/evolucion-del-entorno-empresarial-y-social-e-impacto-en-el-aprendizaje/

Fariña A., 2012, Que es el Coaching: coaching y mentoring, L de liderazgo, Madrid, España. http://alejandrofariña.com/coaching-y-mentoring/#more-139

French, W. y Bell, C., 1995, 2007, Desarrollo Organizacional, Editorial Prentice Hall, México.

García-González M., 2000, Formación de equipos de trabajo, Tesis, Universidad Autónoma de Nuevo León, Facultad de Ingeniería Mecánica y Eléctrica, México. http://eprints.uanl.mx/7631/1/1020130091.PDF

García-Sánchez T., 2016, El impacto de la publicidad en la sociedad, La Verdad, periódico digital, España. http://www.miperiodicodigital.com/2016/grupos/losmurciatimes-112/el-impacto-publicidad-sociedad-739.html

Gaussens P., 2019, Por usos y costumbres: los sistemas comunitarios de gobierno en la Costa Chica de Guerrero, Estudios sociológicos, publicación electrónica, Colegio de México, México. https://estudiossociologicos.colmex.mx/index.php/es/article/view/1723/1828

Gaxiola C., (s/f), Las 10 Características Principales de la Religión, Universidad Autónoma de Sinaloa, México. https://www.lifeder.com/caracteristicas-de-la-religion/

Goldsmith M., 2012, Coaching: Claves para un diderazgo eficaz, Keilty, Goldsmith & Company (KCG), Alta gestión, España. http://www.emprendedoresnews.com/liderazgo/coaching-claves-para-unliderazgo-eficaz.html

Gómez C., 2014, Siglo XXI: innovación y transformación social, Ethic, revista virtual, España. https://ethic.es/2014/03/siglo-xxi-innovacion-y-transformacion-social/

Gómez-Gonzalez J., (s.f.), La sociología de la empresa: concepto y límites, Universidad de Vizcaya de las Américas, España. http://www.emp.uva.es/~javier/pagina/pantallas/asignaturas/socioempe/materiales/0empresaapuntessocempresa.pdf

Gómez-Pereira B., 2021, Porque es mucho más divertido: 10 razones para trabajar en equipo, Coordinadora Digital en Videocine, Entrepeneur en español, México. https://www.entrepreneur.com/article/267218

Góngora O., 2012, El concepto de estatus social y la educación de hoy, Universidad Nacional abierta y a distancia, Colombia. https://www.academia.edu/4776244/EL_CONCEPTO_DE_STATUS_SOCIAL_Y_LA

González-Salamea C., (s/f), Teoría estructural familiar, Instituto de seguridad del Trabajo, Chile. http://www.medicinadefamiliares.cl/Trabajos/teoriaestructural.pdf

González-Vicen F., 1991, Los usos sociales. Un ensayo de sociología descriptiva, Anuario de filosofía del derecho VIII, file:///C:/Users/crist/AppData/Local/Temp/MicrosoftEdgeDownloads/78f78c76-4390-494c-9eea-b5da17a38cec/Dialnet-LosUsosSociales-142190.pdf

González V., (s/f), Estratificación social: características, tipos y dimensiones, Lifeder.com, España. https://www.lifeder.com/estratificacion-social/

Gordon, J., 1997 y 2001, Comportamiento Organizacional, Quinta Edición, Prentice Hall, México.

Grande P., 2019, ¿Cómo influye la cultura en las relaciones sociales?, La mente es maravillosa, revista Online, España. https://lamenteesmaravillosa.com/como-influye-la-cultura-en-las-relaciones-sociales/

Gutiérrez-Bossa J., 2009, La dinámica cultural, en su estructura para la praxis del desarrollo de Barranquilla, Universidad Autónoma del Caribe, Antroposmoderno, Argentina. https://antroposmoderno.com/antro-articulo.php?id_articulo=1283

Gutiérrez E., y Gutiérrez K., 2019, Comportamiento Organizacional, Instituto Tecnológico de cd. Cuauhtémoc, México

Hall R.H., 1994, Organizaciones: Estructura y Procesos, Editorial Prentice Hall, México.

Harumi G., 2016, Definición de estructura social, http://harumiga.blogspot.com/2016/12/41-definicion-de-estructura-social.html

Henric M., 2003, Coaching empresarial, Fractal Teams, Gestiopolis, Colombia. http://www.gestiopolis.com/canales/derrhh/articulos/63/coach.htm

Herrera C., 2013, El concepto de solidaridad y sus problemas político-constitucionales. Una perspectiva iusfilosófica, Revista de estudios sociales, Universidad de los Andes, Bogotá-Colombia. https://journals.openedition.org/revestudsoc/7802

Horton, P., y Hunt, Ch., 1991, Sociología, McGraw Hill, México.

Kerlinger F. y Lee H., 2002, Investigación del Comportamiento, Editorial McGraw Hill, México.

Kottak, C., 2011, Antropología Cultural, McGraw Hill, México.

Kolakowski L., 2006, Líder carismático, maestro carismático, Universidad de Varsovia, Revista Letras libres, España/México http://www.letraslibres.com/revista/convivio/lider-carismatico-maestrocarismatico?page=full

Kreitner R. y Kinicki A., 2009 y 2012, Organizational Behavior, Editorial McGrawHill Education, México.

LosRecursosHumanos.com, 2010, Etapas del desarrollo de un grupo, Portal Online, https://www.losrecursoshumanos.com/etapas-del-desarrollo-de-un-grupo/

Luco A., 2020, Modelos organizacionales actuales, ¿podemos copiar a Google? Business Consulting SpA, Pontificia Universidad Católica de Chile. https://www.businessconsulting.cl/modelos-organizacionales-actuales/

McFarlin K., (s/f), Los efectos de la globalización en el lugar de trabajo, La Voz de Houston, Diario Online, Estados Unidos de Norteamérica. https://pyme.lavoztx.com/los-efectos-de-la-globalizacin-en-el-lugar-de-trabajo-5149.html

Mafla N., 2013, Función de la religión en la vida de las personas según la psicología de la religión, theologica xaveriana – vol. 63 No. 176 (429-459). Colombia. http://www.scielo.org.co/pdf/thxa/v63n176/v63n176a06.pdf

Marcial R., 2012, Cuando la estructura tomó su función en la teoría social. El estructural funcionalismo de A. R. Radcliffe-Brown, El Colegio de Jalisco, México. http://www.scielo.org.mx/scielo.php?script=sci_arttext&pid=S2007-49642012000100002

Marescalchi M., LasHeras D., De Yong A., Martínez de Pérez N. y Ramallo R., 2018, Sociología. Aspectos significativos de estudio del siglo XXI, © UniRío editora. Universidad Nacional de Río Cuarto, Argentina, e-book, www.unrc.edu.ar/unrc/comunicacion/editorial/

Marketing Digital Maad Chile, 2018, El comportamiento humano durante y después de una crisis, Equipo de Prensa Marketing Digital Maad Chile, Chile. https://www.enqueinvertir.cl/el-comportamiento-humano-durante-y-despues-de-una-crisis/

Martínez J., 2016, Las formas en las que la educación ha evolucionado, Revista Educación virtual, España. https://revistaeducacionvirtual.com/archives/2329

Meléndez de León, 1997, Liderazgo Carismático, Universidad de Puerto Rico, Puerto Rico. http://cie.uprrp.edu/cuaderno/ediciones/11/c11art3.htm

Menesses D., 2019, Perspeciva del Rol, Universidad de Valparaiso, Amsterdam. https://www.studocu.com/cl/document/universidad-de-valparaiso/psicologia-social-y-organizacional/resumenes/perspectiva-del-rol-psicologia/4173818/view

Millán J., 2016, El cambio social, El día periódico Digital, España. https://eldiadigital.es/art/162001/el-cambio-social

Miranda M., 2019, Las nuevas formas de trabajar en la empresa del futuro, Forbes México, México. https://www.forbes.com.mx/las-nuevas-formas-de-trabajar-en-la-empresa-del-futuro/

Mola D., Godoy J., y Reyna C., 2018, Revisión de manipulaciones del estatus social en estudios experimentales en ciencias del comportamiento y neurociencias, Universidad Nacional de Córdoba, Quaderns de Psicología, Argentina. https://www.quadernsdepsicologia.cat/article/view/v20-n2-mola-godoy-reyna

Montiel H., 2016, Cambio social: actores intencionales y procesos, Revista Politeia, N° 56, vol. 39. Instituto de Estudios Políticos, UCV, 2016:179-213, México. https://colsan.repositorioinstitucional.mx/jspui/bitstream/1013/703/1/Cambio%20Social.%20Actores%20intencionales%20y%20procesos.pdf

Morales J., Moya M., Gaviria E., Cuadrado I., 2007, Psicología Social, Editorial McGraw Hill, México.

Morales J., Moya M., Rebolloso E., Fernández J., Huici C., Márquez J., Páez D. y Pérez J., 1995, Psicología Social, Editorial McGraw Hill, México.

Morgan S., 2019, Las nuevas formas de trabajo, HERALDO DE MÉXICO, México. https://heraldodemexico.com.mx/opinion/2019/6/18/las-nuevas-formas-de-trabajo-99046.html

Murillo N., (s/f), Los 5 tipos de cambio social y sus características, Lifeder.com, España. https://www.lifeder.com/tipos-cambio-social/

Núñez J., 2020, Estatus social: características, tipos, discriminación, ejemplos, Lifeder.com, España. https://www.lifeder.com/estatus-social/

Ortiz-Travado I., (s/f), ¿Por qué la empresa ha de preocuparse por el desarrollo y el impacto social de su actividad?, Observatorio empresarial para el crecimiento inclusivo, Blog, España. https://www.crecimientoinclusivo.org/la-empresa-ha-preocuparse-desarrollo-impacto-social-actividad/

Padilla A., 2004, El Hombre, la Naturaleza y la Sociedad, Enciclopedia Multimedia de Economía, Eumed.net, España. https://www.eumed.net/cursecon/libreria/2004/apj/1g.htm

Papalia D., y Wendkos S., 1995 y 2009, Psicología, Editorial McGraw Hill, México.

Pavón-Cuéllar L., 2015, Los rasgos culturales en la conformación de la competitividad y del crecimiento sostenible, Revista de Estudios Empresariales. Segunda época, Número: 2, Universidad Anáhuac. México Norte, México. file:///C:/Users/crist/Downloads/Dialnet-LosRasgosCulturalesEnLaConformacionDeLaCompetitivi-5306897.pdf

Peiró R., (s/f), Cultura, Economipedía, Plataforma virtual, España. https://economipedia.com/definiciones/cultura.html

Pellini C., 2014, Historia de la Sociología: Resumen de su origen y conceptos básicos, Historias y biografías HB, Argentina. https://historiaybiografias.com/sociologia/

Pérez P., 2014, Cómo entender y estudiar la conciencia de clase en la sociedad capitalista contemporánea. Una propuesta, Theomai, Red Internacional de Estudios sobre Sociedad, Naturaleza y Desarrollo, Argentina. https://www.redalyc.org/pdf/124/12431432007.pdf

Pérez-Porto J., y Gardey A., 2010, Definición de tradición, Definicion.de https://definicion.de/tradicion/

Pérez-Porto J., y Gardey A., 2016, Definición de rol social, Definicion.de https://definicion.de/rol-social/

Pérez-Porto J., y Gardey A., 2018, Definición de estructura social, Definición.de, https://definicion.de/estructura-social/

Pérez-Porto J., y Gardey A., 2018, Definición de impacto social, Definición.de, https://definicion.de/impacto-social/

Pérez-Porto J., y Gardey A., 2020, Definición de rasgo cultural, Definición.de, https://definicion.de/rasgo-cultural/

Phillips, B., 1986, Sociología, del conocimiento a la práctica, McGraw Hill, México.

Piedra-Mayorga V., 2018, Responsabilidad Social de las Organizaciones en México, Gestiopolis, Colombia. https://www.gestiopolis.com/responsabilidad-social-de-las-organizaciones-en-mexico/

Portugal M., 2007, Concepto de Cultura, promonegocios, América latina y España. https://www.promonegocios.net/mercadotecnia/cultura-concepto.html

Pinedo A., 2012, Conductas ante la crisis: son personas, y temen, d+i es el Centro de Ideas, Análisis y Tendencias de LLORENTE & CUENCA, Venezuela, https://ideas.llorenteycuenca.com/publico/120323_d+iLL&C_Articulo_Conductas_Crisis.pdf

Poviña A., 2013, La sociología como ciencia del hombre, Tercera Revista de Economía y Estadística, Universidad Nacional de Córdova, Época, Vol. 9, No. 1-2-3-4: 1º, 2º, 3º y 4º Trimestre, pp. 233-249, Argentina. http://revistas.unc.edu.ar/index.php/REyE/article/view/3595

Programa de Educación Inicial, (s/f), Un país de tradiciones, Fundación UNAM, UNAM al día, México. https://www.fundacionunam.org.mx/unam-al-dia/un-pais-de-tradiciones/

"¿Qué es el sentimiento de pertenencia al grupo?", 2019, Crear Salud, FUNDACIÓN FACILÍSIMO, España. https://crearsalud.org/que-es-el-sentimiento-de-pertenencia-al-grupo/

Raffino, 2020, ¿Qué es Sociología?, Concepto.de, revista virtual, Argentina. https://concepto.de/sociologia/

"Rasgo Cultural", 2017, Herder Editorial S.L, Enciclopedia virtual, España. https://encyclopaedia.herdereditorial.com/wiki/Rasgo_cultural

Real Academia Española, 2020, Concepto de sociología, Real Academia Española, España. https://dle.rae.es/sociolog%C3%ADa

Real Academia Española, 2020, Concepto de sociedad, Real Academia Española, España. https://dle.rae.es/sociolog%C3%ADa

"Responsabilidad Social: qué es, definición, concepto y tipos", 2019, Responsabilidad Social Empresarial (RSE) y Sustentabilidad, Newsletter, México. https://www.responsabilidadsocial.net/la-responsabilidad-social-que-es-definicion-concepto-y-tipos/

Robbins, S., 1995, 1999, 2004 y 2009 Comportamiento Organizacional, Editorial Prentice Hall, México.

Robbins, S., y Judge T., 2013 Comportamiento Organizacional, Editorial Pearson, México.

Robbins, S., 1994 y 2000, Administración; teoría y práctica, Editorial Prentice Hall, México.

Rodríguez A., 2020, Rol social: concepto según Talcott Parsons, tipos y ejemplos, Lifeder.com, España. https://www.lifeder.com/rol-social/

Rojas-Ruiz A., 2020, Dinámica cultural y diversidad cultural, Universidad de oriente, Veracruz México. https://veracruz.uo.edu.mx/content/din%C3%A1mica-cultural-y-diversidad-cultural%C2%A0-0

Romero-González M., 2017, La importancia de la responsabilidad social en las Organizaciones, Universidad Politécnica de Tulancingo, México. https://www.milenio.com/opinion/varios-autores/universidad-politecnica-de-tulancingo/la-importancia-de-la-responsabilidad-social-en-las-organizaciones

Ruiz-Mitjana L., (s/f), Los 9 tipos de normas más importantes, Psicología y mente, Universitat Oberta de Catalunya, España. https://psicologiaymente.com/social/tipos-de-normas

Ruiz S., 2006, Estratificación social, Recinto Universitario de Mayagüez, Universidad de Puerto Rico, Puerto Rico. http://academic.uprm.edu/sruiz/3121/id14.htm

Salazar M., 2006, El liderazgo transformacional ¿modelo para organizaciones educativas que aprenden?, Universidad de Viña del Mar, Chile. http://www.cicimar.ipn.mx/boletin/wp-content/uploads/2011/10/liderazgotransformacional.pdf

Sánchez E., 2018, ¿Cuál es el impacto de las empresas sociales en el entorno laboral?, Merca2.0, Revista Online, México. https://www.merca20.com/empresas-sociales-impacto-laboral/

Sánchez J., 2020, Conciencia de clase, Economipedia, España. https://economipedia.com/definiciones/conciencia-de-clase.html

Sánchez-Pecharromán M., (s/f), Entorno Social como Parte de la Empresa, Revista SG Software Guru no. 43, México. https://sg.com.mx/revista/43/entorno-social-como-parte-la-empresa

Sanchis S., 2020, Valores sociales: qué son, tipos, ejemplos y lista, Psicología-Online, Link To Media, España. https://www.psicologia-online.com/valores-sociales-que-son-tipos-ejemplos-y-lista-5145.html

Santiago J., 2015, La estructura social a la luz de las nuevas sociologías del individuo, Revista Española de Investigaciones Sociológicas, 149: 131-150, España. https://www.redalyc.org/pdf/997/99743609007.pdf

Santillan M., (s/f), Redes sociales impactan nuestra vida cotidiana. México conectado, Publimetro, columna UNAM, Diario digital, México. https://www.publimetro.com.mx/mx/columnaunam/2014/03/21/redes-sociales-impactan-nuestra-vida-cotidiana.html

Sauvanet N., y Cashmore A., 2016, ¿Qué es el impacto social y por qué es importante?, BNP Paribas Wealth Management, Banca, España. https://wealthmanagement.bnpparibas/es/es/expert-voices/social-impact.html

Scafati L., 2020, Sociedad, Enciclopedia, Centro Científico Tecnológico (CCT) CONICET Mendoza, Argentina. https://www.mendoza.conicet.gov.ar/portal/enciclopedia/terminos/Sociedad.htm

Stoner J. y Freeman R., Gilbert D., y Mascaro P., 1994, 1996 y 2011, Administración, Editorial Prentice Hall, México.

Tamayo A., 2017, La empresa y su impacto social, El financiero, diario Online, México. https://www.elfinanciero.com.mx/monterrey/la-empresa-y-su-impacto-social

"Tipos y Características de los Grupos", (s/f), Instituto de certificación empresarial de México ICEMéxico, México. https://www.icemexico.com/single-post/Tipos-y-Caracter%C3%ADsticas-de-los-Grupos

Trujillo R., 2004, El estatus y los roles en las estructuras grupales de la empresa, Gestiopolis, México. https://www.gestiopolis.com/el-estatus-y-los-roles-en-las-estructuras-grupales-de-la-empresa/

Torres F., 2010, Estructura Social y Estructura Social de España I, Curso, Universidad de Valencia, España. http://ocw.uv.es/ciencias-sociales-y-juridicas/plantilla/temario/estructura_i.tema_1.pdf

Universidad de los Lagos sede Valparaiso, 2008, Empowerment, Universidad de

los Lagos, Chile. http://www.losrecursoshumanos.com/phpscript/descargar_pdf.php?id=1830

Universidad Nacional de Colombia, (s.f.) ¿Qué es la sociología?, Universidad nacional de Colombia, Colombia http://www.humanas.unal.edu.co/2017/unidades-academicas/departamentos/sociologia/programas/pregrado/que-es-la-sociologia

Uña-Juárez O., 2015, Sobre los orígenes de la Sociología, Universidad Rey Juan Carlos de Madrid (URJC), España. https://www.researchgate.net/publication/28181888

Uriarte J., 2019, Clases Sociales, Caracteristicas.co, Enciclopedia online, Argentina. https://www.caracteristicas.co/clases-sociales/

Valda J., 2011, El empowerment, Crece negocios, Argentina. http://jcvalda.wordpress.com/2011/08/13/el-empowerment/

Valdéz G., 2011, Líder transformacional: Promotor del cambio, Dirección estratégica Revista de negocios del Instituto Tecnológico Autónomo de México (ITAM), México. http://direccionestrategica.itam.mx/?p=2199

Valdivia C., (s/f), Cuales son las nuevas formas de trabajo, Newsletter Visa, Bussines Visa.com, Estados Unidos de Norte América. https://business.visa.com/pe/noticias/cuales-son-las-nuevas-formas-de-trabajo_671

Vargas J., (s/f), La culturocracia organizacional en México, eumed.net, enciclopedia virtual, Universidad Autónoma de Chapingo, México. https://eumed.net/libros-gratis/2007b/301/cultura%20social.htm

Vedronik N., 2001, Responsabilidad social en las organizaciones, NM Comunicaciones RRPPnet Portal de Relaciones Públicas, Newsletter, Argentina. https://www.rrppnet.com.ar/responsabilidadsocialdelasorganizaciones.htm

Velasco A., 2006, Coaching y liderazgo empresarial, BLC Coaching & Mentoring, Madrid, España, http://human-coaching.net/coaching-y-liderazgo-empresarial

Vincent B., 2020, Herbert Spencer, Economipedia, Plataforma virtual, España. https://economipedia.com/definiciones/herbert-spencer.html

Westreicher G., 2020, Estatus social, Economipedia, España. https://economipedia.com/definiciones/estatus-social.html

Wexley K. y Yukl G., 1992, Conducta Organizacional y Psicología del Personal, Editorial CECSA, México.

Wiki Encyclopedia of Law, 2020, Normas Culturales, Wiki Encyclopedia of Law, leyderecho.org Retrieved 12, Estados Unidos. https://leyderecho.org/normas-culturales/

Zavala C., 1998, Auto concepto, Locus de Control y Evitación al Éxito como Variables Predictóras del Liderazgo, Tesis, Escuela Libre de Psicología A.C., Universidad Autónoma de Chihuahua, México.